How To Make Good Things Happen

Know Your Brain, Enhance Your Life

———

Marian Rojas Estapé

당신에게 좋은 일이 일어나게 하는 방법

———

당신의 뇌를 이해하고
감정을 관리해서
더 나은 삶을 누리라

레드스톤

나의 네 명의 남자들에게

목차

4   있었던 일도, 일어날 일도 아니다

5   현재를 살기

여행을 시작하며…

비행기와 기차 같은 대중교통은 놀라운 일이 벌어지기 좋은 장소이다. 만일 어떤 좋은 기회가 생기면 그저 상황에 자신을 맡기고 관찰하다가 끼어들기만 하면 된다. 내 인생 최고의 이야기들도 거기에서 발생했다.

　몇 년 전, 나는 뉴욕에서 출발한 런던 경유 마드리드행 비행기를 타고 창가 쪽에 앉아 있었다. 나는 늘 창가 자리에 앉곤 하는데, 하늘과 구름, 바다를 바라보는 게 좋기 때문이다. 그리고 무엇보다도 자연이라는 거대한 존재 앞에서 인간의 연약함을 깨닫고, 이 땅에서 우리에게 벌어지는 일들의 의미를 상대화해서 생각하는 걸 좋아하기 때문이다. 나는 항상 내 옆에 앉은 사람에게 관심이 있어서 주의 깊게 살핀다. 보통 장시간 여행을 하다 보면 어떻게든 옆 사람과 연결될 수밖에 없다. 그 사람이 무슨 책을 보는지, 화면에서 무엇을 보는지… 그리고 자고 있는지, 먹고 있는지 등을 살피게 된다. 그리고 나도 모르게 그 사람의 상황과 여행 목적을 추측해보게 된다. 가정은 꾸렸을까? 출장 중일까? 그러다가 보면 누군가 자리에서 일어나야 하는 상황이 생길 수밖에 없는데, 그때는 공손하게 몇 마디를 주고받기도 한다. 그래서 보통 비행기에서 내릴 때쯤이면 서로 친근한 인사를 나누는 사이가 된다.

나는 늘 '상대를 주의 깊게 보기만 해도 흥미로운 대상으로 변할 수 있다.'라고 생각한다. 보통 비행기 안에서는 긴 시간을 함께하기 때문에 어느 시점이 되면 대화가 이루어진다. 이런 상호 작용 덕분에 나는 아주 매력적인 사람들을 알게 되었고, 여러 방면으로 내 삶에 영향을 준 경험도 하게 되었다.

어쨌든 그날 나는 뉴욕에서 이륙한 비행기에서 한 노신사 옆에 앉게 되었다. 그는 신문을 읽고 있었고, 나는 가방에서 의대 대학원 수업 노트를 꺼내서 보고 있었다. 거기에는 해부학 그림들이 있었는데 수업 시간에 그려서 형편없었다. 원래도 내 그림 실력이 별로이긴 하지만. 내가 수백 개의 신체 기관 이름을 외우느라 애쓰는 동안 그분이 나를 쳐다보고 있는 게 느껴졌다. 그래서 나는 그에게 미소를 지어 보였다.

"저는 의학을 공부하고 있습니다."

그러자 그가 대답했다.

"제 부친도 의사십니다."

나는 재빨리 그를 분석했다. 이것은 내가 어렸을 때부터 좋아하던 일이다. 그는 공손했지만, 눈빛은 차가웠고 왠지 쉽게 말을 붙이기가 어려운 느낌이었다. 나는 호기심이 발동해서 말을 이어갔다.

"그럼 선생님도 아버님의 직업을 이어받으셨나요?"

"아니요. 저는 연구를 더 좋아해서요."

"어떤 분야인가요?"

"테러리즘을 연구합니다."

그 말을 들은 나는 곧바로 노트를 덮었다. 그리고 매우 흥미로운 대화가 시작되었다. 어차피 마드리드에 도착할 때까지 내 노트 속 근육과 특이한 뼈들은 사라지지 않을 테니 말이다. 그는 미국 중앙정보국CIA에서 30년 넘게 근무하다가 은퇴한 지 얼마 안 되었다고 했다. 한참 동안 그는 그 직업에 대해서 좀 더 '자유롭게' 이야기했고, 나머지 시간에는 이라크 전쟁과 이 지역의 지정학적 긴장 상태, 석유와 가스관 분쟁, 여러 서방 국가들의 이해관계 등을 설명해주었다. 그는 임시로 그린 지도 위에 화살표를 여기저기 그려가며 이 모든 내용을 자세히 설명했다.

나는 역사와 국제 관계에 아주 관심이 많은 편이라서 그의 말을 놓치지 않고 다 받아 적었다. 대화중에 별안간 나는 정신과 의사가 되려고 공부하고 있다고 말했다. 그는 나를 자세히 관찰하고 잠시 침묵한 후에 내 취향과 성격에 대한 아주 특별한 질문을 던지기 시작했다. 나에 대한 세세한 질문을 받는 게 어색했지만, 가능한 한 정직하게 질문에 대답하려고 노력했다.

잠시 후 그는 내게 전공을 마치면 CIA에서 법정신의학자나 연구원으로 일하는 건 어떠냐고 제안했다. 그 순간 내 두 눈이 번쩍

뜨였다. 그곳은 아주 흥미로운 세계처럼 보였다. 나는 웃으며 대답했다.

"만일 현장 업무를 하지 않아도 된다면요. 제가 겁이 좀 있는 편이라서요."

그는 나에게 연락처를 주었고, 우리는 작별 인사를 했다. 이후 나는 그에게 여러 번 편지를 썼고 우리는 몇 년 동안 우편으로나마 연락을 주고받았다.

독자들에게는 실망스런 소식이겠지만, 삶이 나를 다른 방향으로 이끌었기 때문에 그곳에서 일할 기회는 없었다. 하지만, 나는 그 '분석가 친구'의 명함을 늘 지갑에 넣고 다닌다. 그리고 그걸 볼 때마다 기회는 가까이에 있지만, 그것들을 찾으려면 직접 밖으로 나가야 한다는 생각을 떠올리곤 한다. '기회는 예상하지 못한 순간에 온다.'라는 격언처럼 영감을 준 말도 없는 것 같다. 그 누구도 내 삶을 계획해주기 위해 집으로 찾아오지는 않는다. 내가 직접 그것을 찾으러 나가야 한다.

우리는 기회로 가득한 세상에 살고 있다. 지금껏 적은 노력으로 이처럼 많은 것을 얻은 적이 없었다. 우리는 역사상 가장 심한 자극의 홍수 속에 살고 있다. 오늘날 일곱 살 된 아이는 이제까지 지구에 살았던 그 누구보다 음악과 소리, 음식, 맛, 이미지, 비디오 등의 많은 정보와 자극 속에 놓여 있다. 그리고 그 과잉 자극은 우리의 결정을 어렵게 만든다. 오늘날 우리는 무엇을 결정하고 어디로 가야 할지 몰라서 우왕좌왕한다.

여러 학문 중에 자신의 전공을 결정해야 하고, 학업을 마치면 무수한 직업 기회들 사이에서 또 결정해야 하는데, 이 두 가지 선택 모두 불가능한 것처럼 보일 때가 많다. 갑자기 수많은 가능성이 펼쳐진 상황에서 자기 삶을 어디로 이끌고 가야 하는지를 모른다. 우리 사회는 혼란스러워서 한 가지 일에 전념하거나 약속하는 게 어렵다. 내가 볼 때 자신도 모르게 감정이 '막혀버린' 청년들이 점점 더 늘어나는 것 같다. 뭔가를 결정하려면 먼저 느껴야 하는데 말이다.

이 책에서는 오늘날 우리 사회에서 한 아이가 태어난 후 계속 받게 되는 엄청난 자극의 영향을 알아볼 것이다. 그뿐 아니라 소셜 네트워크가 뇌의 보상 체계에 미치는 영향, 그리고 지금 세대가 이토록 만족하지 못하고 사는 이유도 살펴볼 것이다. 아무튼 이 엄청난 자극 때문에 이제 그들에게 교육적, 감정적, 정서적, 직업적, 재정적으로 동기를 부여하려면 더 강하고 센 자극이 필요하다.

이 책에서는 몇 가지 도구를 사용할 것이다. 삶에는 아주 힘든 순간이 있기 마련인데, 그럴 때 중요한 것은 우선 살아남고, 삶을 지탱할 수 있도록 도움을 구하는 것이다. 그리고 나머지 시간에는 '당신의 최고 버전'*을 끌어내기 위해 노력해야 한다. 또한, 우리는 태도와 낙관주의에 관해서도 이야기할 것이다. 삶을 대하는 방식이 우리에게 일어나는 일에 큰 영향을 미치기 때문이다.

---

* '당신의 최고 버전' 방정식은 제9장에서 살펴볼 것이다.

수년간 이루어진 실험들은 우리에게 매일 일어나는 문제에 대한 반응 방식과 태도가 결과에 영향을 미친다는 사실을 증명한다. 뇌와 생리학적 지표, 유전자, 세포, 감정, 정서, 생각은 유기적으로 작용한다. 신체 질병은 많은 경우 감정과 직접적인 관련이 있고, 우리는 언제나 신체 질병이 우리 기분에 미치는 영향을 조절하려고 항상 노력할 수 있다.

이 책은 행복에 관한 이야기이다. 우리 모두 그것을 너무 찾고 싶어 하기 때문이다. 또한 성공에 관한 책이기도 하다. 하지만 성공은 새빨간 거짓말쟁이가 될 수도 있다. 상담실에서 고통과 아픔, 실패를 극복해낸 수많은 사람의 이야기를 듣다 보면 그들이 너무 존경스럽다. 실패는 성공이 숨기는 것을 드러낸다. 내 인생의 스승이신 아버지께서 하신 말씀이기도 하다.

오늘날 신경과학, 특히 신경 생물학과 우리가 무의식이라고 부르는 영역은 우리 행동에 관한 많은 부분을 설명해준다. 이 책에서 나는 정신과 마음, 육체의 문제뿐만 아니라, 특히 우리 삶의 유익하고 건강한 측면을 설명하고자 한다. 독자들이 더 건강한 몸과 영혼을 갖는 데 도움을 주기 위해서이다. 그렇게 되면 우리가 원하는 행복에 더 가까워질 수 있을지도 모른다.

이제 우리 자신을 이해하고 재창조하는 흥미진진한 여행을 시작해보자. 뇌를 이해하고 감정을 관리하면, 우리는 더 나은 삶을 누릴 수 있다.

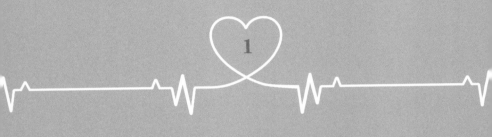

목적지: 행복

☺

행복은 정의되는 게 아니라, '경험되는 것'이다. 행복을 알려면 그것을 느껴봐야 한다. 하지만 행복을 느껴봤다고 해도, 그것을 말로 설명하긴 어렵다. 그렇긴 하지만, 우선 다양한 각도에서 행복에 다가가 보도록 하자.

우리 같은 정신과 의사들은 정신 질환을 조사하거나 정신 또는 기분 장애로 고통 받는 사람들을 연구한다. 정신과 협회에서는 다양한 주제에 대한 회의를 자주 연다. 주로, 뇌 또는 뇌의 특정 영역, 신경 지표들 및 그 뒤에 있는 생리학, 정신 질환을 일으키는 내외부 원인, 진단 및 최신 실험적 치료의 신뢰성을 높이는 방법들을 설명하고 나눈다. 즉, 전반적으로 가능한 모든 과학적 접근법을 통해 정신적 질병들을 다룬다.

의사가 된 이후 내 소명은 우울과 불안을 겪는 사람들을 치유하고 돕는 것이기 때문에 행복과 쾌락, 사랑, 연민, 기쁨을 조사하고, 대답하기 어려운 질문들을 많이 생각했다. '왜 어떤 사람은 모든 상황에서 불평하고 고통을 겪을까?' '행운이란 게 존재할까, 아니면 눈에 보이는 것처럼 그렇게 무작위적인 것은 아닌 걸까?' '사람들의 성격과 생각을 형성하는 데 유전적 요인이 얼마나 중요할까?' '나를 더 행복하게 하는(또는 그렇지 않게 하는) 요인들은 무엇일까?'…. 이런 주제들을 연구하면서 다양한 길도 가보고, 시사하는 바가 큰 책들도 찾아보았다.

> 행복은 우리의 삶과 존재에 부여하는 의미와
> 밀접한 관련이 있다.

앞으로 살펴보겠지만, 행복해지기 위한 첫 번째 단계는 삶에서 내가 무엇을 원하는지를 아는 것이다. 의미를 잃어버린 세상, 방향 감각을 잃은 세상에서는 보통 '의미'를 '감각'으로 대체하려고 한다. 이런 공동체는 커다란 영적 공허함을 경험하기 때문에, 육체적 만족과 섹스, 음식, 술 등과 같은 감각들을 미친 듯이 탐닉하고 그것으로 자신을 채우려고 한다. 점점 더 새롭고 강렬한 감정과 감각을 경험하려는 욕구가 끝도 없다. 물론 섹스와 맛집 탐방, 고급 와인을 즐기는 그 자체는 전혀 나쁜 게 아니다. 여기에서 말하는 것은 그런 감각의 탐닉이 진정한 삶의 의미를 대체하는 상황을 경계하는 것이다. 이렇게 방향 감각을 잃으면, 쌓아놓은 감각들이 일시적인 만족감을 준다. 하지만 그러는 동안, 내면의 공허함은 점점 블랙홀처럼 커지고 그것이 온통 삶을 지배한다. 그리고 결국 이것은 심리적 손상이나 파괴적인 행동으로 이어진다. 그리고 그런 손상을 입고 나서야 비로소 당사자는 자신의 힘으로는 회복할 수 없다는 사실을 깨닫고 외부 도움을 요청한다.

인간은 소유를 추구하고 그것을 행복과 연결한다. 우리는 평생 경제적, 사회적, 직업적, 정서적 안정을 찾아 헤맨다. 또한 안전과 명예, 물질, 친구를 얻기 위해 애쓴다. 하지만 진정한 행복은 소유에 있는 게 아니라, 존재에 있다. 우리의 존재 방식이 진정한 행복의 토대이다.

클릭 한 번으로 모든 것을 얻을 수 있는 곳에서 파는 가벼운 행복을 조심하라. 오늘날 인구의 20%가 정서적 문제로 약을 먹는 걸 보면, 이런 물질주의적 사고방식은 뭔가 잘못되었다.

물질을 쌓는 것이 행복을 위한 해결책이 아니라면, 도대체 뭐일까? 내가 볼 때, 이렇게 눈 깜짝할 새 변하고 발전하는 세상에서 행복은 반드시 본질적인 가치로 회귀한다. 그렇다면 가치란 무엇일까? 그것은 우리가 더 나은 사람이 되고 완성되도록 돕는다. 우리의 기준으로 혼란스럽고 불확실한 때에 길잡이가 된다.

누군가 길을 잃고 어디로 가야 할지 모를 때 가치와 분명한 지침이 있으면 배의 침몰을 막을 수 있다. 아리스토텔레스는 이미 그의 저서 〈니코마코스 윤리학〉에서 '우리의 삶은 과녁을 가진 궁수들 같아야 한다.'라고 말했다. 하지만 오늘날은 과녁이 없고 궁수들은 자취를 감췄으며, 화살은 사방으로 무질서하게 날아다닌다.

우리가 마주하는 이 세상을 이해하기 위해서 나는 미국 육군 대학원에서 나온 약자인 뷰카VUCA를 소개하는 걸 좋아한다. 이것이 우리의 사회적 환경을 잘 반영하기 때문이다.

뷰카VUCA는 변동성Volatility, 불확실성Uncertainty, 복잡성Complexity, 모호성Ambiguity의 약자이다. 이 개념은 냉전 후 변한 세상을 설명하기 위해 나온 용어였지만, 현재는 전략적 리더십, 사회학적 분석 및 교육에서 사회 문화적, 심리적, 정치적 환경을 설명하는 데 사용된다.

먼저 변동성은 변화의 속도를 말한다. 이것은 안정성과는 거리가 멀어 보인다. 예를 들어, 뉴스포털은 독자를 사로잡으려고 몇 초마다 뉴스를 바꾸고, 패션의 유행이나 핫플레이스는 날마다 바뀔 수 있으며, 경제와 주식 시장도 매시간 변한다.

불확실성은 예측할 수 있는 것이 거의 없는 상태이다. 사건이 벌어지고 상황이 바뀌면 충격을 받을 수 있다. 미래를 예측하거나 앞당기는 알고리즘이 있지만, 현실은 허구를 뛰어넘고 말았다.

복잡성은 세상이 서로 연결되어 있고, 인간의 모든 지식 영역의 수준이 매우 세밀하여 빈틈이 없음을 의미한다. 아주 작은 세부 사항도 삶의 결과에 영향을 미친다. 이것이 바로 그 유명한 카오스 이론인 나비 효과butterfly effect이다.

모호함은 아이디어가 명확할 틈을 주지 않는 것이다. 모든 것이 그럴 수도 있고, 아닐 수도 있다. 거의 모든 면에 분명한 의견이 없는 상태이다.

나는 늘 정신과 의사가 훌륭한 직업이라고 생각해왔다. 이것은 영혼의 과학이다. 많은 사람들이 과거의 상처를 회복하거나 통제할 수 없는 어려운 상황을 다루는 법을 배우려고 고군분투한다. 우리는 도움을 요청하는 사람들에게 두뇌와 정보 처리, 감정과 행동이 어떻게 작동하는지 이해하도록 돕는다. 정신과 의사는 환자하나하나에게 그들의 침묵과 힘든 시기, 두려움, 걱정을 편견 없이 정연하고 침착하게 이해하며, 평정심과 낙관주의를 전해줄 수 있어야 한다.

나는 우리가 생각하는 방식과 반응의 원인, 그리고 감정이 무엇인지와 그것이 어떻게 마음에 반영되는지를 이해하고 알아가는 일에 깊이 매료되었다. 결국 행복은 내가 나를 관찰하고 분석하며 판단하는 방식, 또 자신과 삶에 가졌던 기대치와 깊은 관련이 있다. 한 마디로 행복이란 나의 개인적, 정서적, 직업적 열망과 조금씩 이루는 성취 사이에 균형을 이루는 것이다. 그럴 때 자신에 대해 정확한 평가를 하게 되고, 적절한 자존감이 나타난다.

마멘의 사례

마멘은 33세의 여성 환자이다. 그녀는 대기업에서 관리자로 일한다. 현재 부모님과 살고 있는데, 사이도 좋다. 그리고 그녀에게는 소심하고 내성적이지만, 잘해주는 남자 친구가 있다. 다니는 직장 분위기는 좋고, 종종 직장 동료들과도 어울린다.

어느 날 그녀가 내 상담실을 방문했다. 그녀는 자존감이 바닥이라고 말했다. 그리고 이유를 어떻게 설명해야 할지 모르겠다며 이렇게 덧붙였다.

"우리 부모님은 저를 사랑해주시고, 저는 회사 일도 좋아해요. 그리고 친구들도 있어요. 그런데 제가 하찮게 느껴져요…."

그녀는 자신이 살아온 삶을 요약해서 말해주고 나서, 잠시 조용히 있다가 이렇게 말했다.

"저는 여기 있다는 것, 그러니까 모르는 사람에게 내 문제를 말한다는 게 좀 부끄러워요. 저는 대체로 불평할 게 거의 없는 사람이거든요."

그녀는 일어나서 문 쪽으로 향하더니 정말 나가버렸다. 나는 그녀를 따라가서 다시 들어오라고 말하며, 우선은 상담 시간은 채워보자고 설득했다. 만일 그녀가 슬프거나 화가 난다면, 그것은 내면에서 뭔가가 제대로 작동하지 않기 때문이라고 말해줬다. 결국 그녀는 마음을 가라앉히고 다시 상담실로 들어왔다.

치료 과정은 8개월 동안 이루어졌다. 그녀는 훨씬 나아졌지만, 상담할 때마다 그녀에게 뭔가 문제가 있다는 사실을 알아챘고, 나는 그것을 '그 순간'이라고 불렀다. 그녀는 기진맥진한 상태로 내게 고백했다.

"저는 이 자리에 있는 게 부끄러워요. 모르는 사람에게 내 삶에 대해 말하고 있으니까요."

그러면서 그녀는 계속 자리를 뜨려고 했다. 그녀는 다른 사람과 자기 삶을 나누고 있다는 사실을 받아들이는 걸 힘들어했다. 하지만 조금씩 자기 성장을 방해하는 내적 갈등을 해결해야 하는 이유를 깨닫고 솔직히 털어놓았다.

상황과 상관없이 이런 행동을 하는 사람에게는 이렇게 말해주면 된다.

"여기 꼭 다시 올 필요는 없어요. 그냥 마음 내킬 때 전화해서 상담을 잡으시면 돼요."

하지만 나는 그녀의 '그 순간'의 경험을 받아들였고, 마치 그녀가 아무 말도 하지 않았다는 듯, 나는 아무것도 판단하지 않고 계속 상담을 이어갔다.

자존감과 행복

자존감과 행복은 서로 밀접한 관련이 있다. 평화롭고 안정된 사람 즉, 어느 정도 내면의 균형이 있고 삶의 작은 것들을 즐길 줄 아는 사람은 보통 적절한 자존감을 느끼게 된다.

자존감 문제가 없는 사람

미겔 데 우나무노Miguel de Unamuno는 98세대를 대표하는 스페인의 위대한 작가 중 한 명이다. 그는 모두에게 소탈하고 친근한 사람이었다. 한번은 국왕 알폰소13세가 직접 수여한 '알폰소10세 현왕 대십자훈장'을 받았다. 수여식 당시 사회주의 공화당 활동가로 알려졌던 우나무노는 이렇게 말했다.

"폐하, 제가 마땅히 받아야 할 이 대십자훈장을 받게 되어 영광입니다."

왕은 놀랐지만, 이미 그의 성격을 알고 있기에 이렇게 대답했다.

"정말 신기하구나! 보통 수상자 대부분은 받을 자격이 없다고 말하는데 말이다."

그러자 그는 평소처럼 친근하게 웃으며 이렇게 대답했다.

"왕이시여, 다른 이들의 경우는 당연히 받을 자격이 없었습니다."

행복과 고통

행복은 잃어버리고 나서야 그것이 무엇인지 알 수 있다고들 한다. 고통과 아픔, 슬픔, 경제적 문제를 만나면, 마음속에서 '나는 행복하지 않아! 너무 고통스러워! 난 정말 운이 없어!'라는 말이 튀어나온다. 그런 순간에는 과거 행복의 순간을 떠올리거나, 우리에게 가득했던 기쁨의 불빛들에 감사하기가 어렵다.

삶은 새로운 시작의 연속이고, 그 길을 가다 보면 찰나의 행복을 포함한 기쁜 상황뿐만 아니라 어려운 순간들도 지나가야 한다. 그리고 행복하기 위해서는 가능한 한 트라우마와 어려움을 극복하고 다시 일어설 수 있어야 한다. 이유는 간단하다. 상처 없는 삶의 이야기는 없기 때문이다. 실패와 그것을 해결하는 방법은 모든 삶의 여정에서 가장 중요하다. 우리는 살면서 내내 아주 부담스럽고 힘든 순간을 경험하기 때문에 그것들을 극복하는 법을 배우지 않으면, 또는 적어도 배우려고 시도하지 않으면 행복해질 수가 없다.

나는 정신과 의사로서 모든 유형의 트라우마를 치료했기 때문에, 이 글을 쓰는 지금도 어딘가에서 아주 힘든 삶의 이야기가 벌어진다는 것과 누군가는 특히 더 어려운 삶을 경험한다는 걸 잘 알고 있다. 도저히 우리가 바꿀 수 없는, 통제 범위를 넘어서는 이야기들도 있다. 삶에서 벌어지는 일 중에 우리가 선택할 수 있는 부분은 그리 많지 않지만, 그것을 직면하고 바라보는 태도와 방식은 우리 마음대로 선택할 수 있다. 우리가 카드를 몇 장 받는데, 그것이 좋은 카드일 수도 있고 아닐 수도 있다. 하지만 일단 카드를 받았다면, 가능한 한 그 안에서 게임을 잘해야 한다.

우리는 과거의 상처와 트라우마를 극복하기 위한 도구가 필요하다. 우리를 육체적, 정신적으로 망가뜨리는 사건들은 삶에 중요한 흔적을 남긴다. 그것을 극복하고 다시 시작하는 방식은 여러 면에서 우리의 성격을 규정한다. 그 능력은 모두가 어느 정도 키워온 내면의 힘인 회복력resilience에서 나온다.

회복력이란 개념은 프랑스의 정신과 의사인 보리스 시륄니크 Boris Cyrulnik에 의해 널리 퍼졌다. 그는 우크라이나 출신 유대인 이민자의 아들로 1937년 보르도에서 태어났다. 나치 점령 후, 겨우 5살이었던 그는 부모님과 함께 체포되어 절멸 수용소로 보내졌다. 하지만, 그는 그곳에서 탈출해서 여러 곳을 전전하며 숨어 지냈다. 전쟁이 끝난 후 다시 만난 가족들은 그에게 의학을 공부해서 정신과 의사가 되도록 격려했다. 젊은 보리스는 그의 삶의 경험을 통해 트라우마의 원인을 이해하고, 다른 사람들이 트라우마나 정서적 단절 이후 다시 회복하도록 도울 수 있음을 깨달았다.

> 회복력이란 '어떤 자극으로 생긴 혼란 상태가 멈췄을 때 물질, 방법 또는 체계가 원래 상태로 돌아가는 능력'이다. 시륄니크는 그 의미를 '인간이 삶의 상처를 남기지 않고 트라우마를 극복하는 능력, 즉 행복할 수 있는 능력'으로 확장했다.

회복력은 우리에게 희망의 메시지를 준다. 예전에는 어린 시절에 받은 트라우마가 지워질 수 없고, 삶에 중요한 흔적을 남기며 지속된다고 생각했다. 그렇다면 그렇게 깊고 고통스러운 상처는 어떻게 극복할 수 있을까? 그 열쇠는 연대와 사랑, 타인과의 만남에 있다. 간단히 말해서 애정 속에 있다.

시륄니크는 자신의 경험을 통해 이와 관련한 수많은 사례를 보여주었다. 그는 툴롱 대학교에서 교수로 지내면서 알츠하이머 환자들과 함께 연구를 진행했다. 그들 중 많은 환자가 단어를 잊어버려도 애정과 음악, 몸짓 또는 사랑의 표현은 기억하고 있었다. 그는 정신의 유연성을 강조한다. 전에는 힘든 일을 겪고 나면 고통과 아픔의 흔적이 남는다고 생각했다. 하지만 그런 트라우마와 상처를 극복한 사람은 회복력을 가진 사람으로 변한다.

몇 년 전 나는 캄보디아에서 아동 성매매에서 소녀들을 빼내는 일을 했다. 분명 내 인생에서 가장 중요한 순간 중 하나였다. 나는 캄보디아의 매춘업소를 방문해서 비참한 상황에 있는 소녀들을 구하는 일에 전념했다. 그중에 지금도 또렷이 기억나는 소녀가 있는데, 그녀는 당시 13살로 매춘업소에서 막 구출된 상태였다. 그녀는 희망 없는 눈빛으로 내게 이렇게 질문했다.

"저도 평범한 삶을 살며 뭔가를 즐길 수 있을까요?"

거기에 바로 희망의 메시지가 들어있다. 과학은 그것을 설명하고, 나는 경험을 통해 그것을 배웠다. 가장 깊은 상처를 치유하는 방법들이 있다. 나는 이 책에서 캄보디아에서 이 흥미진진한 프로젝트를 어떻게 했는지와 내 삶에 영향을 준 몇 가지 이야기를 나눌 것이다. 내가 가본 모든 길은 인간의 뇌를 더 잘 이해하는 데 도움이 되었다. 또, 그것으로 인해 고통을 그리고 궁극적으로 행복으로 가는 길을 더 잘 이해하게 되었다.

트라우마

트라우마적 사건은 타인과 세상에 대한 자기 정체성과 신념을 파괴한다. 그 파괴가 우리가 겪는 트라우마의 시작이다. 시륄니크는 트라우마로 고통을 받으려면 이중 충격 이론이 충족되어야 한다고 했다. 첫 번째 충격은 혼란스러운 사건, 즉 트라우마적 사건 그 자체이다. 그러나 이것이 삶에 자리 잡기 위해서는 두 번째 충격이 동시에 일어나야 하는데, 이것은 주변인들의 특정 행동에서 비롯된다. 넓게 말하자면 거부 또는 방치, 낙인, 혐오, 경멸, 굴욕, 그리고 이 모든 것이 포함된 몰이해이다.

시륄니크에 따르면 회복력의 기둥은 세 가지이다.

- 개인적인 부분: 태어날 때부터 갖게 된 내적 도구인 확실한 애착 관계 형성이다. 이것은 트라우마를 극복하는 가장 강력한 예방책 중 하나이다.
- 가족과 사회적 환경: 부모나 보호자, 그 외 애착 관계를 맺은 사람들이 주는 도움이다. 이것들은 고통스러운 트라우마를 극복하는 열쇠이다(여기서 두 번째 충격이 중요하게 작용한다).
- 사회적 상황: 사회적, 법적 지원과 지역 사회의 도움은 트라우마를 완화하고 피해자에게 힘을 실어준다.

어떤 아이가 문제가 발생해서 충격을 받았는데, 부모에게 그 것을 말하자 아이에게 화를 내고 비난하면서 그냥 넘긴다고 상상해보자. 그 순간 그 고통은 트라우마가 된다.

루시아의 사례

루시아는 여섯 살짜리 소녀이다. 아이는 부모님과 일곱 살, 두 살 형제들과 함께 살고 있다. 그녀는 동네에 있는 학교에 다니는데, 상상력이 뛰어나고 창의력이 높은 아주 행복한 아이이다.

어느 날 친구 집 생일 파티에 갔다가 그 집 화장실에 가게 되었다. 화장실 문을 열고보니 그 안에는 같은 반 소년의 아버지가 있었다. 아이는 문밖에 서서 정중하게 사과를 했다. 그러자 이 문제의 인간이(다른 이름으로 불릴 자격도 없다) 아이에게 친절하게 안으로 들어오라고 했다. 그는 바지를 내리고 루시아에게 그것을 만져달라고 요청했다.

소녀는 겁에 질려 그의 말대로 했다. 그러고 나서 그는 아이의 속옷을 벗기고 옷 아래 손을 넣었다. 그리고 온갖 추잡한 짓을 다하였지만, 독자들에게 충격을 주지 않기 위해 자세한 내용은 생략한다. 그대로 얼어붙은 루시아는 무슨 말을 하거나 소리를 지를 수가 없었다.

그는 아이에게 아무에게도 말하지 말라고 위협하며, 말을 듣지 않으면 그녀와 형제들을 가만두지 않겠다고 협박했다. 아이는 화장실에서 나와 울면서 구석에 숨어 있었다. 아이의 부모님이 가능한 한 빨리 데리러 오기만을 바라고 있었다.

30분 후, 부모님이 그 집으로 들어왔다. 그러자 그 화장실 남자가 부모님에게 다가가 친절하게 인사하며 아이가 아주 잘 행동했고 예의 바르다고 칭찬했다. 그 모습을 지켜본 루시아는 땀이 흐르기 시작했고 너무 울고 싶었다. 그 남자가 다가와 그녀의 손을 잡고 말했다.

"여기 부모님이 오셨는데, 네가 아주 잘 행동했다고 말씀드렸단다. 부모님께 볼 인사를 해주렴."

당연히 루시아는 차에 타자마자 가장 먼저 부모님에게 무슨 일이 있었는지 다 털어놓았다. 처음에 그들은 딸의 말을 믿지 않았지만, 아주 주의 깊게 아이의 말을 들어주었다. 이틀 후, 그들은 조언을 구하고 해결 방법을 찾기 위해 내 상담실을 찾았다. 그들은 딸의 말이 정말 사실인지 의심스럽지만, 어쨌든 딸아이에게 더는 상처를 주고 싶지 않다고 했다.

나는 루시아를 반년 동안 치료했다. 그녀는 악몽에 시달렸고, 남자 어른들과 있는 걸 두려워했으며, 우울감을 느꼈고 학교에도 가기 싫어했다.

그 사건이 일어난 순간부터 쭉 그녀는 부모의 도움을 받았다. 결국 이 사건에 관한 재판이 이루어졌고, 아이는 이 과정을 통해 자기 내면의 힘을 키우는 법을 배웠다. 현재 아이는 건강하고 행복한 열세 살 소녀가 되었다. 몇 달 전 상담실에서 만난 그녀는 영어를 배우러 잠시 아일랜드에 갈 거라고 했다. 아이는 작별 인사를 건네며 내게 이렇게 말했다.

"저는 이제 두렵지 않아요. 그 일을 극복했거든요. 저를 믿어주고 도와주며 부모님과 관계를 단단하게 만들어주셔서 감사해요. 부모님께서 처음에 제 말을 듣고 저를 잠시 의심했었다는 걸 알아요. 하지만 중요한 건 그분들이 끝까지 제 편이 돼 주셨다는 거예요. 그리고 선생님께서 처음부터 저를 치료해주신 덕분에 이렇게 큰 트라우마에서 영원히 벗어나게 되었어요."

행복한 사람은 실패를 극복하고
다시 일어날 수 있는 사람이다.

종종 현재는 악몽이 될 수 있다. 어떤 경우에는 미래로 도망치고 싶어 하는 사람도 있다. 또 다른 경우에는 과거의 트라우마적 기억이나 사건에서 꼼짝하지 못하기도 한다. 하지만 이렇게 과거에 눌러앉아 있으면 상처받은 감정이나 고통을 잊을 수가 없어서 분노와 원한 가득한 사람이 된다.

우리는 신체적으로나 심리적으로 매우 힘든 시기를 보낸 후, 다시 힘을 회복하거나 아니면 단순히 이루지 못한 목표에 다시 도전하기 위해서 휴식이나 멈춤이 필요하다고 생각한다. 그런데 이상하게도 휴식의 순간, 특히 휴가가 시작될 때 긴장과 피로감이 나타난다. 그 어느 때보다도 힘이 빠진 것만 같다. 그저 정신적으로만 약하다고 느끼는 게 아니다. 애를 쓴 후에는 몸에 긴장이 풀리면서 면역력이 떨어지고 감기를 비롯한 기타 질병도 찾아오기 쉽다.

우리가 대처하는 방법에 따라 심각한 정신적 불균형이 발생할 수 있으므로 심리적 여정에서 가장 중요한 순간은 바로 이런 스트레스 이후이다. 그래서 이럴 때 매우 조심해야 한다. 왜냐하면 활동을 멈출 때, 여유가 생길 때, 생각을 멈출 때, 있었던 일로 인해서 심리적 건강이 위험하다는 사실을 깨닫는 경우가 많기 때문이다.

내면의 힘을 가진 사람이 전쟁에서 이긴다. 이 내면의 힘은 우리가 문제를 극복하는 데 도움이 될 것이다. 그리고 이것은 우리를 괴롭히고 현재 균형 있게 살지 못하게 방해하는 과거의 생각이나 미래에 대한 걱정을 다스리는 법을 배우게 한다.

시간이 모든 상처를 치유하는 건 아니지만, 가장 고통스러운 순간에서 다른 곳으로 눈을 돌리게 해준다. 고통은 힘을 키우는 학교이다. 고통에서 쏟아져 나오는 급류가 '건강한' 방식으로 수용될 때, 우리는 삶에서 중요하고 기본적인 자기 조절 능력을 얻게 된다.

> 균형이란 수많은 삶의 변화 속에서도 내면의 평화와
> 차분함과 조화를 유지하는 법을 배우는 것이다.

의사의 태도가 고통을 덜어준다

2017년 〈통증 저널The Journal of Pain〉 5월호 기사에 상담 시 의사 태도의 중요성에 관한 내용이 실렸다. 환자가 의사를 신뢰하면 통증 감각이 줄어드는 것으로 나타났다. 의사가 마치 위약 효과를 나타내는 셈이다. 예를 들어, 의사가 환자와 같은 장소에서 여름 휴가를 보내거나 비슷한 취향을 가지고 있다면 어떻게 될까? 만일 환자가 의사에게 갔을 때, 무언가 또는 누군가가 고통을 덜어줄 거라고 느낀다면, 그 신뢰는 긍정적인 영향을 미친다. 이렇게 안도감을 느끼고 희망을 품으면 뇌는 통증을 완화하는 엔도르핀과 비슷한 화학 물질을 내보낸다.

환자가 믿을만한 의사, 오래 함께한 치료사 또는 질병의 권위자에게 찾아가서 자신의 통증을 설명하기만 했는데 자동으로 증상이 나아질 때가 얼마나 많은지 모른다.

의사는 환자에게 '인간 비타민'이 되어야 한다. 알약으로 증상을 치료하는 것이 더 간단하고 실용적이며 효율적일 때가 많지만, 때로는 의사가 미소를 지어주거나 긍정적인 말 또는 질병의 진행에 관한 희망적인 말만 해줘도 충분할 때가 있다.

고통에는 의미가 있다

오늘날 우리는 고통에서 도망치고, 혹여 그것과 마주하게 되면 이런 질문들을 한다. "내가 고통을 받을만한 사람인가? 과거의 실수 때문에 이런 고통이 온 걸까? 왜 하나님은 고통을 허용하실까…?" 우리에게 도움이 될만한 고통의 흥미로운 점을 몇 가지 살펴보도록 하자.

고통에는 인간적이고 영적인 가치가 있다

고통은 우리를 높은 차원으로 끌어올리고, 더 나은 사람으로 만들어줄 수 있다. 얼마나 많은 사람이 고통을 겪은 후에 삶을 바로잡고 대안을 찾으며, 마지막엔 그것에 감사했는지 모른다! 우리는 체제나 관습에 순응하고 피상적으로 살았던 사람이 심각한 고통을 겪은 후에 변화된 경우를 쉽게 볼 수 있다.

고통은 반성하는 데 도움이 된다

고통은 한 번도 해보지 않은 많은 질문의 깊숙한 곳까지 우리를 데리고 간다. 우리는 고통을 당할 때 삶의 의미와 가장 깊이 품은 신념들을 분명하게 한다. 가면과 겉모습이 지워지고 진정한 자아가 나타난다.

고통은 자기 한계를 인정하는 데 도움이 된다

고통을 겪으면 더 약해지고 우리나 다른 사람들이 만든 지지대를 잃게 된다. 그럴 때 우리는 고개를 숙이고 다른 사람의 도움과 사랑이나 지원이 필요함을 깨닫는다. 즉, 혼자서는 할 수 없다는 걸 깨닫는다. 다른 사람들과 우리의 한계에 관해 나누는 것이 재난 같은 고통을 극복하고 편안한 삶으로 나아가는 첫걸음이다. 자신의 한계를 인식하면 연대 의식과 타인의 고통에 대한 공감, 그리고 궁극적으로 타인에 대한 사랑이 강화된다.

따라서, 고통은 마음을 변화시킨다

어려운 시간을 극복한 사람은 다른 사람들의 영혼에 다가갈 수 있게 된다. 주변 사람들을 더 잘 이해하고 공감할 수 있다. 사람은 사랑받고 있다고 느낄 때, 삶이 변화되고 빛을 발하며 그 빛을 전달할 수 있다. 참된 사랑은 고통을 건강하게 받아들이고 이기심에서 벗어나게 도와준다. 공감을 받은 사람은 더 사랑스러워지고, 주변을 더 살기 좋은 곳으로 변화시킨다.

고통이 행복으로 가는 길일 수 있다

우리가 행복을 얻겠다는 의지를 갖고 있고, 그렇게 할 수 있는 도구를 지녔다면 말이다. 고통은 진정한 인격 성숙으로 인도하고, 다른 사람을 돌보게 하며, 자신을 더 잘 알게 해준다.

괴로움과 고통, 질병에 대한 유일한 해독제는
바로, 사랑이다.

　인간의 내면으로 들어가서 우리를 방해하는 생각과 감정을 이해하고, 스트레스와 갈등 상황에서 우리 뇌가 어떻게 반응하는지 알아보도록 하자.

고통의 해독제는
사랑

이번 장을 다섯 가지 위대한 사랑으로 나누어보자.

- '건강한' 자기 사랑: 자존감(제1장에서 이미 다루었다)
- 한 사람에 대한 사랑
- 타인에 대한 사랑
- 사상과 신념에 대한 사랑
- 기억에 대한 사랑

한 사람에 대한 사랑

> 제아무리 겁쟁이라도 사랑 앞에서는
> 용감해지고 영웅으로 변한다.
> • 플라톤

  사랑에 빠지는 것은 이 세상에서 가장 위대한 일이다. 누군가에게 마음이 사로잡히면 모든 것이 변한다! 모든 사람의 깊숙한 곳에는 경이로움과 보물이 들어있는데, 이것은 진정한 사랑으로 드러난다. 모든 인간은 사랑하면 더 열정적으로 변하고 생명력이 넘치게 된다. 따라서 인간에게는 사랑이 필요하다. 사랑은 삶에서 가장 위대한 주제이다.

  사랑에 빠진 사람의 삶에는 영원한 흔적이 남는다. 그리고
  삶에서 가장 강렬한 감정은 사랑에서 비롯된다.

이 책의 목적이 커플의 사랑을 다루는 건 아니지만, 건전한 방식으로 사랑에 빠졌을 때 이것은 삶의 모든 면에 긍정적인 영향을 미친다.

타인에 대한 사랑

연대 의식과 자원봉사, 타인을 위한 헌신은 오히려 우리 몸과 마음을 보호해주는 중요 요소이다. 사랑과 함께한다는 느낌은 행복의 열쇠 중 하나이다. 살면서 대부분의 즐거움과 기쁨의 순간은 다른 사람과의 상호 작용과 관련 있다. 부부 관계, 사업이나 회사, 가족 관계가 제대로 이루어지려면 그들 간의 관계가 원만하거나, 적어도 비교적 건강해야 한다.

때때로 우리 주변에는 호감이 생기지 않고, 존재만으로도 불안감을 주는 사람들이 있다. 이럴 때 만일 뭔가 변화가 있지 않으면, 우리 삶에서 그들은 해로운 존재가 될 위험이 크다. 만일 당신이 어떤 사람들과 함께 있을 때 계속 경계하고 적대적이며 긴장된 상황이 이어진다면, 몸이 아프거나 심하게 고통 받을 수 있다. 이런 사람들은 당신을 정서적으로 끌어내리는 '감정 뱀파이어'로 변한다. 우리는 본능적으로 긍정적이고 건전한 사람들과 우정을 맺고 관계를 맺으려는 경향이 있다. 이것은 친구 사이나 가족 또는 직업 분야에서 모두 마찬가지이다. 우리는 항상 독을 내뿜을 준비가 된 적대적이고 부정적인 사람들을 거부하기 마련이다.

로버트 월딩거Robert Waldinger는 행복에 관한 최고의 연구를 이어오고 있는 미국의 정신과 의사이다. 그의 실험은 두 남성 집단의 삶을 연구하기 위해 시작된 종단적 실험같은 주제에 대해서 시간 경과에 따른 변화를 연구하는 실험—역주으로 지금까지 진행 중이다. 첫 번째 집단은 1938년에 하버드 대학의 2학년 학생들이었고, 두 번째는 보스턴에서 가장 소외되고 가난한 지역에 사는 소년들이었다. 이 실험의 목적은 사람들의 삶을 청소년기부터 성인기까지 연구해서 무엇이 행복을 주는 요소인지 알아보는 것이었다. 그래서 75년 동안 피실험자들에게 일과 가정생활, 건강에 대해 질문했다. 지금도 이 실험을 시작한 740명 중 60명이 계속 실험에 참여하고 있다. 대다수는 이제 90세가 넘었는데, 지금은 그들의 자녀 중 2천 명이상이 이 연구에 참여 중이다.

자녀들도 이 연구를 시작할 때 그들의 부모들과 마찬가지로 인터뷰를 진행했다. 그리고 건강 검진과 가족 모임, 병력 추적, 혈액 검사, 뇌 스캔도 진행했다. 과연 이 실험에서 어떤 결과가 나왔을까? 연구자들이 놀랄만한 결과가 나왔다. 부와 명성, 또는 직장에서 열심히 일하는 것이 얼마나 중요한지에 대한 교훈은 여기에 없었다. 또한, 생리학이나 의학적 측면도 그렇게 중요하지는 않았다. 그 연구의 메시지는 다음과 같이 명확하고 간단하다. 우리를 더 행복하고 건강하게 해주는 것은 바로 '좋은 관계'였다. 이 연구 덕분에 인간관계에 관해서 세 가지 사실을 알게 되었다.

첫째. 사회적 연결성은 우리에게 유익하다. 반대로 외로움은 뭔가를 죽이게 된다. 말이 좀 세긴 하지만, 분명한 사실이다. 외로움은 뭔가를 죽인다. 가족과 친구 또는 공동체와 더 많이 연결된 사람들은 관계가 적은 사람들보다 훨씬 더 행복하고 건강하게 오래 산다. 외로움 속에는 심각한 독성이 들어있는 걸로 드러났다. 통계적으로 볼 때, 고립된 상태로 사는 사람들은 중년에 덜 행복하고 건강이 쇠퇴하기 쉬우며, 노년에 뇌 기능이 더 빨리 저하되고 더 일찍 사망한다. 알츠하이머와 치매와도 밀접한 연관성이 있다. 우리 사회에 외로움의 모습이 점점 더 많이 나타나고 있다는 점을 고려할 때, 이것은 해결해야 할 심각하고 긴급한 문제이다.

둘째. 사회적 연결성은 인맥의 양이 아니라 질이고, 친밀한 사이일수록 질이 더 중요하다. 갈등 속에서 사는 것은 건강에 해롭다. 갈등이 심하거나 애정이 없는 결혼 생활은 매우 해롭다. 반대로, 좋고 따뜻한 관계를 맺는 생활은 우리에게 보호를 제공한다. 그 연구에서 콜레스테롤 수치로 예측할 수 있는 것은 피실험자들의 나이가 아니라, 그들이 맺고 있는 관계에 대한 만족도였다. 50대에 가장 만족스러웠던 사람들은 80대에 더 건강했다.

셋째. 좋은 관계는 신체를 보호할 뿐만 아니라, 뇌도 보호한다. 충분히 예상 가능한 내용이었지만, 연구 결과로도 분명하게 증명되었다. 노년기에 다른 사람과 안전한 애착 관계를 맺으면, 그것이 보호막이 되고, 그런 사람들의 기억은 더 오랫동안 더 선명하게 유지된다. 반대로, 다른 사람에게 의지할 수 없다고 느끼는 관계 속에 있는 사람들은 더 일찍 기억을 잃어버린다.

좋은 관계의 기초는 무엇일까?

모든 애정적, 사회적 또는 정서적 유대감의 기초는 다른 사람과 적절한 관계를 맺을 수 있는, 즉 다른 사람과 적절하게 연결될 수 있는 능력이라고 할 수 있다.

사람들은 아주 필요한 경우를 제외하고는 그 누구도 싫거나 거부감을 느끼는 사람에게 제품을 구매하지 않는다. 나는 몇몇 은행가들과 상담을 한 적이 있는데, 그때마다 따뜻한 관계나 특정 공감을 형성하지 못하면 다른 사람에게 돈이나 자산 관리를 맡길 수 없겠다는 생각이 들었다. 마찬가지로, 가격 차이가 크게 나지 않고 다른 조건이 같다면 우리에게 더 잘 대해주는 사람에게 자동차나 제품을 구매할 가능성이 크다.

한편 우정은 사랑 다음으로 타인과 나눌 수 있는 가장 높은 수준의 상호 작용이다. 진정한 우정을 나누려면 함께 한 경험이 있고, 감정과 경험의 나눔이 이루어져야 한다. 우정은 친밀한 믿음으로 형성되며 무분별한 행동이나 말로 깨진다. 그래서 그것을 조심스럽게 돌봐야 한다. 우정은 친밀함, 배움이 포함된 동등한 관계로 이루어지기 때문에, 일종의 헌신과 끈기를 갖고 만들어가야 한다.

어떻게 하면 다른 사람들과 올바른 관계를 맺을 수 있을까?

여기에 우리를 안내해줄 몇 가지 간단한 지침들을 모아보았다. 물론 여기에서 말하는 지침을 꼭 따라야 한다는 뜻은 아니다. 하지만 이것은 살면서 종종 협상과 우정 또는 가족 관계가 깨지는 이유를 이해하는 데 큰 도움이 되고, 자가 진단에도 도움이 될 수 있다.

1. 사람들에게 관심을 가져라.

나한테 이런 말을 하는 사람들을 많이 보았다.

"나는 사람을 좋아하지 않아요."

이 말은 너무 충격이었다. 왜냐하면 내 기억에 남는 최고의 기억은 보통 다른 사람들과 함께하는 것이었고, 인생의 가장 큰 만족 중 하나도 다른 사람과 관계를 맺고 사랑받는 느낌을 얻는 데 있다고 생각하기 때문이다. 특별히 사교성이 없고 말수도 적지만 마음이 착한 친구가 하나 있는데, 그가 했던 말이 지금도 잊히지 않는다.

"나는 상종하고 싶지 않은 사람들이 대부분이야."

그런데 그 친구가 하는 일의 성공과 급여는 사람들과 얼마나 좋은 관계를 맺느냐에 달려있었다. 내가 그달의 실적은 좀 어땠는지 물어보자 이렇게 대답했다.

"난 내 고객들한테는 관심이 있지."

2. 중요한 내용은 기억하려고 노력하라.

모두가 다른 사람의 이름과 신상을 모조리 기억할 만큼 머리가 좋은 건 아니다. 다만, 다른 사람의 정보를 기억하는 사람들은 짧은 시간 내에 훨씬 더 강한 유대감을 형성한다. 길에서 오랜만에 지인을 만났는데, 그 사람이 당신 아내의 이름을 기억하거나 아버지가 어떤 질병으로 치료를 받고 있는지를 말한다면 둘 사이에는 저절로 좋은 친밀감이 형성된다. 우리는 하나하나 캐묻지 않고도 기억하는 사람들을 좋아한다.

체이스 맨해튼 은행의 데이비드 록펠러David Rockefeller는 이름이 10만 개가 넘게 적힌 개인 카드 파일을 가지고 있었는데, 그 파일에는 만난 사람들에 대한 정보가 담겨있었다. 그 정보는 그가 친근함을 쌓는 데 도움이 되었고, 그가 만난 모두에게 중요하고 특별하다고 느끼게 하였다.

우리 아버지는 지인들에 대한 모든 내용을 적어두는 습관이 있다. 최근에 나는 그의 휴대 전화로 식당 전화번호를 찾다가 이런 내용을 발견했다.

'뻬뻬 주인. 안나와 결혼해서 세 자녀가 있음. 아이들이 아직 학업을 마치지 않아서 걱정임. 그의 아버지는 몇 달 전에 알츠하이머로 돌아가셨음. 나이 많은 웨이터인 파코는 총지배인으로 평생 이곳에서 일했고, 관절염이 있음.'

감동이었다. 분명히 아버지가 그 식당에 갔을 때, 한 사람씩 이름을 부르며 걱정거리를 물어보면 모든 사람과 아주 빨리 공감할 수 있을 것이다. 강조하건대, 이렇게 되려면 노력이 필요하다. 즉, 해마를 엄청 단련시키거나 노트나 수첩에 생일과 기념일 또는 주변 사람들과 관련된 정보를 적어두는 습관을 길러야 한다.

3. 사람들의 생활과 취미, 관심사에 대해 자세히 알아보라.

이것은 특히 직업 세계에서 중요하다. 대부분의 합의는 예의와 친절의 유대감을 형성하는 사람들 사이에서 이루어진다는 점을 명심해야 한다. 만일 회사의 상사를 만나면 그에 대한 정보를 찾고, 친구들을 놀라게 해주고 싶다면 친구에 대한 정보를 찾아야 한다. 그리고 만일 가족 중 누군가를 기쁘게 해주고 싶다면 그들의 현재 관심사에 대해서 알아보고 신경 써야 한다. 이것은 아주 적은 노력만으로도 엄청난 결과를 얻는 방법이다. 물론 그 노력은 개인 맞춤이어야 한다. 주변의 모든 사람에게 같은 말이나 메시지를 사용하면 안 된다. 만일 선물을 해야 한다면, 꼭 비쌀 필요는 없다. 그저 그 사람에게 딱 맞는 선물을 하기 위해서 노력했다는 것만 보여주면 된다.

4. 함부로 판단하지 말라.

사람은 다 다르다. 우리는 사람들을 만나자마자 판단하고, 분석하고, 자기 기준의 틀에 넣으려는 경향이 있다. 그것은 우리의 내면을 바꾸지 않기 위한 방어기제거나 단순히 자동적인 정신 과정일 수 있다. 아주 비판적인 사람들은 계속 자신의 우월함을 유지하고 싶어서 그럴 수도 있고, 반대로 불안감과 자존감 부족의 문제 때문에 그럴 수도 있다.

공정하게 판단하려면 공감할 줄 알고, 알지 못했던 많은 정보를 미리 모아야 한다. 어떤 경우든지 말을 아끼는 것은 늘 현명한 선택이다. 침묵은 친밀감을 지키는 문지기 역할을 한다.

상대가 우리와 다르고 눈에 보이는 것이 우리와 맞지 않더라도 그 모습 그대로 받아들여야 한다. 이것은 있는 현실을 무시하라는 뜻이 아니다. 사실 잘못을 저지르거나 해로운 존재여서 멀리 떨어지는 편이 나은 사람들도 있다. 하지만 대부분 사람을 대하는 가장 건강한 태도는 다원적이고 관대하며, 열린 마음을 유지하고 우리와 다른 사람들이 있다는 사실을 인정하는 것이다. 우리와 다르다고 바로 마음의 문을 닫으면 안 된다. 특정 사회 집단이나 사람들의 범주를 일반화하거나 거부해서도 안 된다. 누구나 우리에게 무엇인가를 제공할 수 있기 때문이다.

상담하다 보면, 종종 나의 마음을 휘젓고 혼란스럽게 하는 것들에 놀라게 된다. 나는 깊은 상처를 입은 사람들의 어그러진 삶의 이야기를 10년 넘게 들어 왔음에도 불구하고, 들을 때마다 여전히 마음이 힘들다.

의사는 역전이countertransference, 즉 환자의 이야기를 듣고 나서 느끼게 되는 일련의 감정과 생각 및 태도를 조심해야 한다. 어떤 환자들과 상담하다 보면 그들의 생활과 존재 방식 또는 행동 때문에 처음에는 거부감을 느끼게 된다. 그것은 그들이 트라우마나 고통에 대해 말해주는 방식이나 그들의 이야기가 나의 연약한 부분을 자극해서일 수도 있다. 또는 단순히 그들의 행동 방식이 나의 윤리적 원칙에 어긋나기 때문일 수도 있다.

판단을 피할 수 없을 때도 있다.

몇 년 전에 만났던 한 환자가 기억난다. 그는 소심하고 매우 예민한 사람으로 애처가였다. 그는 회사의 IT 부서에서 일했고, 아내는 저널리스트였다. 그는 아내가 전 세계로 여행을 많이 다니고, 친구들이 많고 SNS도 많이 해서 항상 그녀의 외도를 걱정했다. 그녀는 모든 외도를 부인했지만, 그는 그 두려움 때문에 너무 큰 고통을 겪고 있었다.

그와 서너 번의 상담 후에 아내를 상담에 오도록 요청했다. 상담실로 들어온 그녀는 내게 차갑게 인사했고, 거의 앉지도 않은 채 이렇게 말했다.

"선생님은 직업상 비밀을 유지하실 의무가 있으시니까 제 이야기는 남편에게 절대 하지 말아주세요. 물론 저는 외도를 하고 있어요. 남편과 처음 만난 이후로 쭉 그래왔는데, 그는 전혀 몰랐을 거예요. 다른 거 또 말해야 하나요?"

나는 그 말을 듣고 등골이 서늘해졌다. 나는 늘 상담실에서 편안한 분위기를 만들려고 노력한다. 하지만 그렇게 작정하고 처벌을 면할 수 있다고 생각하는 고백 앞에서는 그런 분위기를 만들 수가 없다. 나는 말문이 막혔다. 그녀는 바람을 피우고 이중생활을 할 때 아드레날린이 솟구치는 것이 즐겁고, 늘 그렇게 살아왔기 때문에 바꾸고 싶지 않다고 주장했다.

나는 그녀가 살아온 이야기를 듣고 나서 남편의 감정을 가지고 장난을 치는 이유를 부드러우면서도 단호하게 설명했다. 하지만 그녀는 내 말을 전혀 신경 쓰지 않았다. 그렇게 그녀는 상담실에 들어왔을 때처럼 찬바람을 날리며 작별 인사도 없이 그 자리를 떠났다. 나는 얼마간 남편을 계속 만났지만, 그들은 곧 다른 도시로 이사를 했다. 그리고 나는 더는 그들의 소식을 알아보지 않았다. 단언컨대 그들이 함께하는 미래는 장밋빛이 아닐 것이다.

5. 당신의 기준과 신념 또는 가치를 강요하지 말라.

자녀와 직원 또는 친구의 모범이 되기 위해 노력하라. 만일 당신의 관점을 강요하면, 거절당할 것이다. 오늘날 우리는 무조건 강요하는 완고한 부모들에게서 변덕스럽고 반항적이며 반대 거리만 찾는 자녀들이 나온다는 사실을 알고 있다. 적절한 한계 설정이 필요하다. 사회에는 교사뿐만 아니라 리더도 필요하다. 리더는 자신이 진정성과 일관성이 있는 사람임을 알고 견고한 가치와 근대성이 섞인 삶의 모범을 보여준다.

누군가에게 영향을 주고 생각을 전달하고 싶다면
좋은 모범이 되는 법을 배워야 한다.

6. 공통 관심사에 놀라고, 그것을 기회로 활용하라.

우정과 좋은 관계는 공통의 관심사와 가치 및 취미가 있을 때 맺어진다. 따라서 그것들을 찾아야 한다. 아무리 알 수 없는 사람이라고 해도 공통점이 없는 경우는 드물다. 아이들의 소아과 의사에서부터 보험사, 집수리 업자까지 공통점을 찾을 수 있다. 당신의 마음이 단순한 혜택이나 보상을 받는 피상적인 관계가 아닌, 그 사람들의 내면에 집중하게 된다면 그 관계가 더 정직해지고, 당신의 폭발적인 내적 성장이 이루어질 것이다.

캄보디아 매춘업소 포주들

내가 캄보디아에 도착했을 때, 어떤 식으로든 도움을 주거나 치료하기 위해 매춘업소에 접근하는 것이 생각보다 어렵다는 사실을 깨달았다. 포주들에게 접근하는 데 많은 어려움이 있었다. 그들은 조건을 요구했는데, 내가 그곳에 들어가서 매춘부들과 제대로 이야기를 하기 위해서는 포주들의 협조가 필수였다.

따라서 그들과의 연결 고리를 찾아야 했는데 쉽지 않았다. 하지만 이제까지 그 누구도 거부하지 못한 방법이 하나 있긴 했다. 바로 슈거스(스위스 사탕 브랜드)였다. 이 말에 웃을지도 모르지만 내 상담실에서는 이 사탕이 매일 한 통씩 사라진다. 환자들은 나갈 때 자녀나 손자들을 위해 들고 간다고 하지만, 나는 그들 입으로 들어갈 거라는 걸 잘 알고 있다. 특히 파란색 파인애플 맛이 인기가 많은 편이다. 그래서 판매처에 파인애플 맛만 몇 봉지 보내달라고 요청도 했었지만, 실제로 받아본 적은 없다.

나는 캄보디아에 갈 때도 슈거스 10kg을 가지고 갔다. 물론 2주 안에 싹 없어졌지만, 다행히도 그곳에서 완벽한 모조품을 찾았다. 남자 간호사 두 명과 동행한 나는 매춘업소 문 앞에 있는 크메르인 포주에게 아주 진지하게 말했다.

"네악 쩡 남 쏘꼴라떼?" 어찌어찌 발음은 이렇게 했는데, 하고 싶은 말은 "사탕 먹을래요?"였다.

이제까지 이 질문에 싫다고 하는 사람은 한 명도 없었다. 비열하고 악랄한 눈빛으로 최악의 인상을 풍기던 내 앞의 그 남자도 미소를 띠며 고개를 끄덕였다. 아주 작고 별거 아닌 사탕이 차갑고 적대적인 분위기를 누그러뜨렸고, 그 장소에 들어갈 가능성을 열어 주었다.

신기하게도 내가 그곳에 머무른 마지막 주에 소녀들은 나를 '봉봉 마담(사탕 아가씨)'이라고 불렀고, 그 말에 마음이 너무 따뜻해졌다.

7. 웃어라, 그들과 함께 웃어라.

달리 연결할 방법이 없다면 유머를 사용하라. 유머를 제대로 사용한다면, 웃음을 거부할 사람은 거의 없다. 웃음은 두 사람 사이를 아주 가깝게 해준다. 그리고 동시에 혈중 엔도르핀을 증가시키는 가장 효과적인 방법의 하나다. 스탠퍼드 대학의 엘리스 아이센 Alice Isen 교수는 미소와 웃음, 유머 같은 감정들이 어떻게 인지 능력과 사회적 행동을 분명하게 향상하는지에 관한 중요한 연구를 했다. 그 결과 그것들은 우리의 창의력과 조직력, 계획력 및 문제 해결 능력을 향상시키는 것으로 드러났다. 웃음이 이러한 기능을 담당하는 전두엽 피질의 혈액 흐름을 활성화하기 때문이다.

독일 본Bonn에서 실시한 또 다른 흥미로운 연구에서도 밝고 행복한 사람들의 업무 생산성과 성과가 향상되는 것으로 나타났다.

> 웃음과 미소는 혈류의 화학적 성질을 변화시켜 일부 질병과 감염으로부터 우리 몸을 보호할 수 있다.

8. 노래하라, 단, 합창으로

집단으로 노래하는 것은 정신 건강에 도움이 된다.

영국 이스트앵글리아대학의 저자들은 '가슴이 터지도록 노래하라Sing Your Heart Out'라는 프로젝트에 참여하고 있다. 여기에서는 위기에 처한 집단과 일반 대중 모두를 대상으로 하는 노래 워크숍을 매주 연다. 약 120명이 참여하는데, 이들 중 80명이 정신 건강 서비스를 받은 적이 있다. 이 집단을 대상으로 6개월 동안 여러 차례 평가가 진행되었다.

관찰 결과, 노래와 사교활동이 웰빙well-being과 사교 기술 향상 및 집단의 소속감에 큰 영향을 미치는 것으로 나타났다. 여기서 우리는 로버트 윌딩거가 그의 연구에서 설명한 내용을 분명하게 확인할 수 있다.

신기하게도 혼자 노래하기(샤워할 때 노래하지 않은 사람이 있을까!)는 항상 무슨 일을 하는 데 강력한 동기부여가 되었다. 그리고 대중 앞에서 노래하는 행위는 인구 집단에 따라 다양한 결과가 나왔지만, 부르는 사람들에게 매우 긍정적인 영향을 주는 것으로 드러났다.

이쯤에서 '전 세계를 위한 키스A Kiss for All the World'의 창립자인 40대 젊은 지휘자, 이니고 피르파노Íñigo Pirfano의 사례가 떠오른다. 이 재단을 설립한 그는 감옥과 병원, 난민 수용소, 극심한 빈곤 장소 등 가혹하고 어려운 곳을 방문해서 프리드리히 실러의 '환희의 송가'에서 영감을 얻은 베토벤 교향곡 9번을 지휘한다. 공간에서 하나가 된 사람들은 눈물을 흘리며 감정을 느끼고 감동한다. 왜냐하면 기쁨은 전염성이 있고 고귀한 감정은 서로서로 퍼지기 때문이다. 남미의 일부 병원에서 인턴들은 그것이 그들의 삶에서 가장 잊을 수 없는 경험 중 하나라고 고백했다. 그 멋진 음악을 듣는 동안 일부는 리듬에 맞춰 몸을 움직이고, 또 어떤 이들은 서로 손을 잡기도 하는 등 그 안에서 뭔가 큰일이 벌어진다.

9. 가능하면 도와주라.

가능하면, 다른 사람을 위해 무언가를 할 수 있는 기회를 놓치지 말라. 그렇다고 호의를 베푸는 게 의무라든가, 다른 사람들에게 어떻게 호의를 베풀었는지를 계속 추적하라는 뜻은 아니다. 할수 있는 것으로 다른 사람을 돕는 일만큼 큰 만족감을 주는 일은 그리 많지 않다. 물론 대가를 요구하지 않고 도와주어야 한다. 공상적인 박애주의자가 되라는 게 아니다. 분명 이것은 다른 사람들과 연결하는 다리가 될 수 있다. 인생은 수없이 엎치락뒤치락하기 때문에, 이렇게 돕고 나면 놀랄 일이 생길 수도 있다.

10. 다른 사람에게 도움을 요청하기를 두려워하지 말라.

누구나 늘 많은 관계 속에서 튼튼한 줄이 만들어져 있는 건 아니다. 때로는 곤경에서 벗어나게 도와줄 만한 따뜻한 손길이 필요할 때가 있다. 그런 순간들에는 겸손해야 한다. 우선 다른 사람들이 힘든 상황에 있는 당신을 본다는 사실에 두려워하지 말아야 한다. 당신을 판단하지 않고 끌어올려 줄 수 있는 사람을 찾아야 한다.

돈 빌리기

몇 달 전에 한 환자가 내게 막 아내와 헤어졌다고 털어놓았다. 그에게는 세 아들이 있었다. 그는 아내와 함께하는 상황을 견딜 수가 없어서, 매일 다투다가 결국은 떨어져 살기로 했다. 그는 감정적으로 매우 처져 있었는데, 우울하고 기력도 없었다. 게다가 직장의 구조조정으로 급여가 깎인 상태여서 아내에게 아이들의 학비, 식비를 위한 양육비를 줄 돈마저 충분치 않았다.

결국 아파트를 두 번이나 옮겼고, 지금은 급여까지 안 들어와서 전처를 걱정시키지 않으려고 학생들과 함께 쓰는 공유 아파트에 살고 있다. 그것 때문에 그는 점점 더 기분이 가라앉았다. 아이들을 만나는 날이 되면 자신이 사는 곳을 보여주고 싶지 않아서 집에 데리고 가는 걸 피하다 보니 더 우울해졌다. 그러면서 스스로 나쁜 아버지라고 자책했다. 게다가 아이들이 좋아할 만한 곳에서 음식을 먹을 돈도 없었다. 그리고 주는 선물은 대부분 사소한 것들로, 때로는 온라인에서 산 중고품들이었다.

어느 날 그 남자의 아버지가 우울해하는 아들이 걱정된다며 직접 내 상담실을 찾아왔다. 말을 들어 보니 아버지는 아들에 대해서 잘 몰랐는데, 특히 재정 상황을 전혀 알지 못하고 있었다. 그의 아버지는 내게 이렇게 말했다.

"제 외동아들인데, 그를 위해 할 수 있는 건 모두 다 하고 싶습니다. 아내와 저는 당장 필요하지 않은 돈을 모아뒀는데, 아들에게 도움이 될 수 있을지도 모르겠네요."

며칠 후 나는 그와 다시 상담했다. 그의 아버지와의 대화를 언급하자 그는 이렇게 대답했다.

"저는 다른 사람에게 도움을 청하는 일이 어려워요. 돈을 꾸는 것은 더더욱 힘들어요."

나는 이렇게 힘들고 어려운 상황 앞에서 아버지보다 그를 더 잘 도울 수 있는 사람은 없다고 설득했다. 그리고 너무 심하게 그러는 게 아니라면, 남에게 기댈 줄도 알아야 한다고 덧붙였다. 도움을 요청할 수 있게 만드는 게 치료의 일부분이긴 했지만, 결과적으로 이것은 그의 우울증 문제와 자녀들과의 관계에서 결정적인 요인이기에 꼭 필요했다.

11. 다른 사람에 대해 좋게 말하고, 비판하지 말라.

좋은 일에 대해서는 좋게 이야기하고, 나쁜 일에 대해서는 중립적인 태도를 유지하라. 대화하면서 비판이나 부정적인 판단을 하지 않도록 노력해야 한다.

다른 사람을 험담하면 우리 몸은 코르티솔(이 호르몬에 대해서는 다음 장에서 이야기할 것이다)로 가득한 해로운 감정 상태에 빠지게 된다. 그리고 우리는 이것이 일으키는 위험을 알고 있다.

이제 비판은 거의 국제 스포츠이며, 우리 삶의 일부가 될 정도로 너무 익숙하다. 상대가 당신을 신뢰하기를 바라거나, 당신을 정직한 사람으로 소중히 여기고 우정을 나누고 싶어 하길 원한다면, 신중해야 한다. 사람은 잘못이나 나쁜 태도를 보여도 그것을 덮을만한 좋은 점을 갖고 있기 마련이다. 만일 그런 사실을 모르거나 그들에게서 좋은 점을 찾지 못했다면, 그냥 그대로 두라. 해결책이 없어 보이는 문제에 손을 대서 더 나쁜 상황을 만들 필요는 없다. 당신의 말로 그를 망가뜨리는 것보다 그 사람을 관리하는 법을 배우는 것이 낫다. 또한 때로는 그런 사람과 거리를 두는 편이 나을 수도 있다. 설령 남을 헐뜯기 쉬운 상황이라고 해도 그런 나쁜 말을 내뱉지 않으면, 마음속에 엄청난 평화가 임하는데, 이것은 우리 행동 설계에 들어있는 진정제와 같다.

12. 이야기를 들려주라.

사람들은 이야기를 좋아한다. 표현할 때 종종 상상력과 약간의 환상이나 마술을 부린다면, 얼마든지 좋은 분위기를 만들 수 있다. 이제까지 인간은 항상 이야기를 찾았고, 찾고 있으며, 앞으로도 찾을 것이다. 마술사를 생각해 보라. 그들이 대중과 친밀감을 형성하는 방법은 스토리텔링이다. 만일 아무런 이야기 없이 관객들에게 마술을 보여주면, 다 줄 수도 있다. 우리의 위대한 친구인 마술사는 보통은 마술로 우리를 사로잡지만, 그가 펼치는 연금술에 관한 이야기로도 가능하다.

과학적으로 보면 우리가 이야기할 때, 뇌가 공감과 사교성과 관련된 화학 물질인 옥시토신을 방출한다. 공감할 때 거울 뉴런 Mirror Neuron이 작용한다. 이 뉴런들은 다른 사람들의 행동과 감정을 이해하는 데 특화되어 있다. 이탈리아의 신경심리학인 지아코모 리촐라티Giacomo Rizzolatti가 발견한 거울 뉴런은 신경 과학 세계에서 매우 중요한 발전을 의미했다.

시멘트벽

몇 년 전, 두 명의 말기 환자가 어느 완화의료병동에서 2인 병실을 함께 쓰고 있었다. 창문 옆에 누워있는 루이스는 늘 다니엘과 대화를 나누었다. 루이스는 매일 다니엘에게 창밖 풍경을 아주 자세하게 이야기해주었다. 특히 병실 창문 너머로 보이는 한 가족의 일상을 이야기로 들려주었는데, 그에 따르면 그 집의 어머니는 늘 정원에서 여럿 자녀와 자주 시간을 보냈다.

그는 너무나 자연스럽고 우아하게 말했는데, 목소리 자체로 항암치료 효과가 있을 정도였다. 생애 남은 몇 달 동안 다니엘은 그 룸메이트 덕분에 즐겁게 보냈다. 친구나 가족 없이 둘만 있을 때면 루이스는 그에게 이렇게 말하곤 했다.

"내가 본 걸 말해줄까?" 다니엘의 눈이 반짝였다. 그리고 그 이야기는 몇 시간 동안 이어졌다.

몇 달 후 루이스가 죽었고, 며칠 후 그 자리에 다른 환자가 들어왔다. 다니엘은 친구가 해준 이야기를 계속 들을 수 있을까 하여 새 룸메이트에게 창밖 정원에 있는 아이들에 대해 말해달라고 부탁했다. 하지만 그의 대답에 다니엘은 얼어붙고 말았다.

"여기는 정원이 없고 콘크리트 벽뿐인데요."

루이스가 다니엘을 즐겁게 해주기 위해서 자신이 알고 있는 것을 바탕으로 상상력을 발휘해 이야기를 지어냈던 것이다.

루이스는 다니엘의 입장에 서서 공감함으로써 그가 희망을 품고 병을 이겨내도록 도왔다.

13. 사랑과 전쟁, 그리고 우정에서 중요한 것은 바로 전략이다.

이것은 나폴레옹이 했던 말이다. 연필과 종이를 잡는 것을 두려워하지 말라. 4색 펜, 마커 또는 화이트보드를 준비해서 거기에 쓰고, 지우고, 화살표를 그어보자. 간단히 말해서 계획을 세워보자는 것이다. 그러다 보면 당신이 알고 있는 사람이 얼마나 많은지 놀라게 되고, 도움이 될 만한 과거의 경험을 발견하게 될 것이다. 실천과 유머, 좋은 마음을 갖고 그러겠다고 결정만 하면 그 능력은 향상될 것이다.

14. 예의를 지키라.

사람들의 마음을 움직이는 말이 있다. 바로, '감사합니다. 죄송합니다, 정중하게 부탁드립니다.'이다. 우리는 모든 것을 당연시하는 데 익숙해졌다. 이 책에서는 언어가 우리 마음에 끼치는 영향이 얼마나 중요한지를 강조할 것이다. 우리 몸은 우리가 사용하는 말과 깊은 연관이 있다. 그 말이 혼잣말이든 타인과 나누는 대화이든 상관없다.

15. 받으려면 주어야 하고, 무엇보다도 자신을 내주어야 함을 잊지 말라.

손가락 하나 까딱하지 않고 무슨 일이 일어나길 기대하지 말라. 때때로 즉각적으로 나타나는 결과는 속임수일 수 있다. 먼저 삶의 모든 영역에서 단 몇 분 만에 안정적이고 지속적인 관계를 맺기는 매우 어렵다는 사실을 인정해야 한다. 즉, 그러기 위해서는 인내와 끈기가 필요하고 다른 사람에게 베푸는 법을 알아야 한다.

당신이 누군가에게 가치를 인정받고 신뢰를 얻으며, 그들의 삶에서 중요한 존재가 된다면, 좋을 때나 나쁠 때나 그들이 당신을 필요로 한다는 사실에 기뻐하게 될 것이다. 그들 마음의 레이더망에는 늘 당신이 있을 것이다. 이것은 친구 관계, 가족 또는 비즈니스 세계에서 도움이 된다. 그들이 당신의 대화와 존재 방식 또는 능력을 통해 뭔가를 얻고 느끼는 게 있게 만들라. 비타민 같은 사람, 보탬이 되는 사람, 돕는 사람, 어렵고 힘든 순간에 기쁨을 주는 낙관적인 사람이 돼라.

그리고 당신의 목표가 선한 목적을 가졌는지 확인하라. 긍정적인 가치를 지닌 목표는 긍정적인 결과를 낳기 때문이다. 하지만 다른 사람에게 접근하는 방식에 해로운 성분이 들어있다면 부정적인 결과를 끌어올 수밖에 없다. 고통스러운 사람은 또 다른 고통스러운 사람을 찾고, 고통스러운 환경에 둘러싸이게 된다. 낙관주의는 현실을 독특하고 재치 있게 관찰하는 방법이다.

16. 친절하고 다정한 사람이 돼라. 이것은 생각보다 매우 중요하다.

나는 우리 집 근처에 있는 가게에서 늘 과일을 산다. 특별히 가격이 싼 건 아니지만, 가게 주인인 하비가 모든 사람을 성의껏 대하기 때문이다. 그는 손님들의 이름을 외우고, 매우 친절하며, 내가 갈 때마다 함께 간 아이에게 과일도 한 조각 건넨다. 그런 그가 몇 달 동안 자리를 비웠을 때, 우리는 모두 그의 부재를 바로 알아챘다. 이후 돌아온 그는 심각한 허리 문제로 쉬게 된 사정과 현재 복용하는 약에 대해서도 말해주었다. 그 약은 센 편이었는데, 모든 통증을 없애줄 정도는 아니지만, 일을 할 수 있게 해주었다. 여전히 아픈 상황에서도 그가 모든 사람에게 사랑과 관심을 보여주는 모습은 참 인상적이었다. 그는 마치 삶에서 가장 중요한 결정을 내리는 것처럼 신중하게 과일과 채소를 고르는 법을 알려주었다. 이런 사람들은 공존을 더 쉽고 즐겁게 만든다.

친절 유전자를 갖고 태어난 것 같은 사람들도 있는데, 별 노력을 하지 않아도 자연스럽게 친절이 흘러나오기 때문이다. 친절한 사람은 다른 사람에게 진심과 공감을 전하고 품위를 높여준다. '친절 유전자'는 우리에게 아주 큰 영향을 준다. 예를 들어, 스트레스와 역경 또는 위험한 상황에 직면했을 때, 이 능력이 작동하면 자기 생존이나 행복만 추구하는 게 아니라, 다른 사람도 돌보고 돕게 된다. 또 다른 사실이 있는데, 뇌졸중을 앓는 환자가 주변 사람들의 애정과 친절을 느끼면 혼자 있는 환자보다 고통을 덜 느끼게 된다.

우리는 친절이 관계를 개선하는 것 외에도 많은 혜택이 있다는 걸 잘 알고 있다. 이 책에서 깊이 다루는 생화학적 요소에 대해 다시 이야기해야 할 것 같다. 친절함은 엔도르핀을 생성하여 스트레스와 불안 호르몬인 코르티솔 수치를 낮추고, 사랑과 신뢰 호르몬인 옥시토신을 증가시킨다. 그 결과 고혈압과 심혈관 문제가 개선되고 통증도 줄어든다. 이런 모든 효과는 우리를 내적 균형감과 행복으로 이끈다. 영화건 현실이건 좋은 사람들을 지켜보면 기분이 좋아지고, 생리적 효과가 나타난다.

물론 모든 것에는 적절한 정도와 때가 있다! 아닌데 그런 척을 할 이유는 없다. 위선이나 가식만큼 큰 거부감을 주는 건 거의 없기 때문이다. 단, 친절함을 순진함이나 무조건적 박애주의와 혼동해서는 안 된다. 공격과 거부, 침해를 당할 때는 그것을 행하는 사람과 거리를 둘 줄 알며, 받게 될 피해를 재빨리 파악해야 한다.

수사나의 사례

수사나는 광학을 공부하고 발렌시아에 있는 사촌 안경원에서 일하고 있다. 그녀는 호르헤와 결혼했고, 호르헤는 형제들과 자동차 대리점을 운영하며 열심히 일하고 있다. 그들 사이에는 한 살과 다섯 살의 두 자녀가 있다.

내 상담실로 찾아온 수사나는 남편이 집을 나갔다고 털어놓았다. 그녀는 아주 고통스러워하며 이렇게 말했다. "우리 결혼 생활은 문제가 없었고, 거의 싸움도 하지 않았기 때문에 무슨 일이 일어난 건지 도무지 이해할 수가 없어요." 그녀가 말한 것처럼, 그들 사이에 평범에서 벗어난 일이 벌어진 적은 없었다. 그저 호르헤는 더는 이렇게 못 살겠다며 집을 나갔다. 그녀는 그들의 관계가 좋았고 많은 사람이 부러워하는 결혼 생활을 했다고 주장했다. 혹시 그에게 다른 사람이 생겼는지 물어보자, 분명 그런 것 같았지만, 그는 부인했다고 했다. 우리는 그녀의 성격과 살아온 삶에 대해서 하나씩 돌아봤다. 그녀는 모두에게 친구가 될 정도로 마음이 넓고, 친절하며, 살가웠다. 그리고 항상 주변에서 일어나는 일들을 잘 알고 있었다.

그녀의 아버지는 성격이 강하고 충동적인 편이었지만, 그녀는 그와 잘 지내는 법도 알고 있었다. 그리고 모든 것이 무너지는 것처럼 보일 때에도 그런 상황을 전환할 수 있는 능력이 있었다. 하지만 결혼 생활에 관한 이야기를 듣다 보니, 애초부터 호르헤의 배려가 부족하다는 걸 알 수 있었다. 그는 그녀를 모욕하고 터무니없는 요구를 했으며, 다양한 망상이 있었다. 주말마다 그녀에게 집 안 청소를 시켰는데, 유리창을 닦고 바닥도 몇 번씩 닦으라고 닦달했다. 그녀는 평소에 상대를 잘 맞춰주는 편이기 때문에, 그가 만족할 만큼 잘 따랐다. 하지만 그런 관계에서 그가 독재자로 변하고 있음을 깨닫지 못했다. 그녀는 깊게 생각하지 않은 채 그저 그에게 친절하게 대했고 순종했다. 수사나는 이렇게 설명했다.

"저는 주변 사람들에게 항상 친절하고 친근하며, 다정한 사람이에요. 이런 제 행동에 대해서 진지하게 생각해본 적은 없는데, 이것이 좋은 관계의 열쇠라고 생각해요."

물론 그녀의 말도 일리가 있지만, 자신이 베푸는 친절함의 정도를 파악할 줄 모르면, 결국 다른 사람에게 이용이나 조종을 당하는 희생자가 될 수도 있다. 그런 사람들을 이용하는 파렴치한들이 있기 때문이다!

이 세상에 필요한 것은 바로, 옥시토신

이 호르몬은 출산과 분만, 모유 수유에서 중요한 역할을 담당한다. 이것은 아기가 나오도록 돕는 호르몬으로 산욕기에 모유의 양을 늘리는 역할을 맡기도 한다. 우리는 이 호르몬이 정서적 삶에서 가장 중요한 두 가지, 신뢰와 공감의 기초가 된다는 사실을 알고 있다. 따라서 이것은 사회적 관계와 다른 사람과 상호 작용하는 방식에 영향을 주는 중요한 핵심 도구이다.

친절하고 긍정적으로 의사소통하면 옥시토신이 활성화되어 신체에 놀라운 일이 벌어진다. 즉, 불안감을 줄여주고 심장을 보호하며 콜레스테롤 수치를 낮춘다.

우리에게 즐거움을 주는 또 다른 동반자, 옥시토신과 도파민

좋은 친구와 함께하거나 사랑하는 사람들과 함께 삶을 즐길 때 분비되는 두 가지 호르몬이 있다. 옥시토신과 도파민, 즉 '쾌락 호르몬'이다. 자폐증 환자에게 옥시토신 스프레이나 기화기를 사용하는 연구도 진행 중이지만, 첫 번째 실험에서는 아직 결정적인 결과를 얻지 못했다.

옥시토신은 비즈니스 세계에서도 핵심 요소가 될 수 있다. 취리히 대학교의 경제실증 연구소Empirical Research in Economics 소장인 에른스트 페르Ernst Fehr는 〈네이처 뉴로사이언스〉 저널에 실린 기사에서 옥시토신이 돈과 재산 또는 저축을 다른 사람에게 맡길 수 있는 능력을 높여준다고 했다. 그들은 옥시토신으로 자극받은 실험 참가자들이 위약을 받은 사람들보다 자기 돈을 남에게 더 쉽게 맡긴다는 사실을 관찰했다. 첫 번째 집단에서는 45%의 사람들이 많은 돈을 투자하기로 동의했고, 두 번째 위약을 받은 집단에서는 단지 21%만이 그렇게 하기로 했다.

옥시토신 수치가 정상 이상으로 높아지면 사랑과 공감, 연민과 같은 감정이 더 강해진다. 그래서 이 호르몬이 아주 높으면, 분노하거나 화를 내기가 더 어려워진다. 또한, 옥시토신 수치가 높으면 두려움을 담당하는 뇌의 편도체가 비활성화된다. 따라서 불안과 괴로움, 집착 및 부정적인 생각의 강도도 약해진다.

이런 사실을 염두에 두고, 한번 친절한 사람이 되어보라. 다음 몇 주 동안 왠지 더 대하기 힘든 사람을 선택해서, 친근한 관계를 맺으려고 노력해보자. 또, 하루에 많은 시간을 함께 보내는 사람들을 찾아서 더 가까운 사이가 되도록 노력해보자. 많이 웃어주고 마음속으로 너무 많이 판단하지 말자. 그리고 당신이 진심으로 그런 결심을 하면 뇌와 감정 및 생화학을 바꿀 수 있다. 더 많이 사랑하고 더 나은 사람이 되며, 주변에 더 인정을 베풀어보자! 당신의 삶의 점수는 받는 것이 아니라 주는 것으로 매겨진다. 나는 환자들에게 이런 질문을 자주 한다.

"당신은 다른 사람들을 위해 무엇을 하시나요?"

사상과 신념에 대한 사랑

우리는 특별한 신념으로 아주 끔찍한 상황 속에서도 살아남은 사람들을 알고 있다. 남아프리카 로벤섬에 수용되었던 넬슨 만델라(국민에 대한 사랑 때문에)부터 런던 타워에 감금된 토머스 모어(신앙 때문에), 아우슈비츠 강제 수용소에서 한 남성을 대신해

목숨을 바친 막시밀리아노 마리아 콜베(이타심 때문에) 사제까지 아주 많다. 그리고 제2차 세계 대전 당시 러시아 군인들은 나라에 대한 사랑 때문에 영하 20도 이하의 힘든 전장 상황을 견뎌냈다. 모든 사람은 자기만의 사상이 있지만, 그것이 강하면 고통의 순간과 기꺼이 손을 잡을 수 있다.

오스트리아 출신의 유대계 정신과 의사인 빅터 프랭클은 여러 면에서 위대한 스승이다. 그는 제2차 세계 대전 당시 '집단정신병리학'을 깊이 분석했다. 그는 다음과 같이 주장했다. 인간에게 모든 것을 빼앗아 갈 수 있지만, 남은 마지막 자유, 즉 삶에서 자신의 태도를 결정하는 자유는 뺏을 수 없다. 여기에는 기억과 가치관, 사상이 개입한다. 주어진 환경이 어떻든 이런 자유가 있으면 자신의 운명을 만들어갈 수 있다. 우리에게서 빼앗을 수 없는 내면의 자유는 모든 상황에서 삶에서 의미를 찾을 수 있게 해준다. 2차 세계 대전 당시 강제 수용소에도 내면의 자유를 지키며 주변의 잔학 행위를 극복하는 방법을 터득한 사람들이 있었다.

빅터 프랭클은 희망과 열정에 관한 생화학적인 측면은 몰랐지만, 붙잡을 기억이나 사상을 가진 사람은 어떤 트라우마라도 육체적, 정신적으로 극복할 능력이 있다는 사실을 관찰했다. 사상을 갖고, 상황이 우리를 압박할 때 도움이 될 만한 삶의 즐거운 기억을 붙잡고 있다면, 이것이 미래에 갑자기 닥치는 문제를 해결할 중요한 힘이 될 수 있다.

물론 극단적인 사상은 조심해야 한다! 극단주의는 목표를 이루기 위해서 모든 생각이나 행동을 정당화하기 때문이다. 극단주의자의 논리는 목표를 달성하기 위해서라면 도덕성이 빠진 진짜 야만성까지 모든 것을 정당화한다. 우리의 가치 체계가 삶의 나침반이 되어 우리 행동을 이끌어가는 건 괜찮다. 그러나 목표를 향해 나아가는 길에서 다른 사람들을 밀쳐 넘어뜨린다면, 그런 극단주의는 문제가 된다. 급진적 사상을 가진 사람은 다른 사람의 신념을 이해하고 존중할 수 없을 뿐만 아니라, 원하는 목적을 얻기 위해서 다른 사람의 권리 침해도 정당화할 수 있다.

> 아인슈타인이 말했듯이, 평판보다는 양심을 더 걱정해야 한다. 양심은 곧 당신 자신을 뜻하고, 평판은 다른 사람이 당신에 대해서 생각하는 것이기 때문이다.

기억에 대한 사랑

> 살다 보면 기억만으로도
> 수년간의 고통을 지울 수 있는 순간들이 있다.
> • 볼테르

혹시 소중한 기억이 우리의 고통을 덜어 줄 수 있다는 사실에 놀랐는가?

빅터 프랭클의 이야기를 계속하자면, 그는 아우슈비츠에 들어온 사람 중에 건강 상태와 상관없이 수용 후 며칠 만에 죽는 사람들과 이들보다 건강하지는 않지만, 더 오래 견디는 사람들이 있다는 사실을 발견했다. 그가 죽음의 수용소에서 겪은 이 경험은 전쟁 전부터 연구했던 새로운 로고테라피* 이론을 확증해주었다. 즉, 삶에 의미를 가진 사람들은 아우슈비츠의 고통을 더 잘 견뎌냈다.

그렇다면 이것을 현대 생활에 어떻게 적용할 수 있을까?

삶의 목적, 목표, 의미를 찾는 사람들은
더 많은 이유로 행복하다.

얼마나 많은 사람이 매일 아침 일어날 이유를 찾지 못하고 있는가!

사랑하는 사람들에 대한 수많은 기억과 생각, 특별한 순간, 또는 삶의 꿈을 가진 사람은 더 즐겁고 행복해한다. 하지만 명심할 게 있다. 늘 그것이 우리에게 저절로 오는 게 아니기에, 그것을 얻기 위해 노력해야 한다. 삶을 되돌아보고 삶에 대해서 생각할 줄 알아야 한다. 그러나 현실은 자기 내면을 살펴보지 않고 자신을 포기한 채, 그저 매일의 삶에 끌려 다니는 사람들이 수없이 많다.

---

* 삶의 가치를 깨닫고 목표를 설정하도록 하는 것에 목적을 둔 실존적 심리치료 기법—역주.

지금 나누는 이 이야기는 중요한 주제이다. 즐거운 장면을 기억하는 것은 뇌에 강력한 영향을 미친다. 과거의 특별한 순간을 기억하면 실제로 그 일이 일어났을 때 활성화되었던 뇌의 영역이 똑같이 활성화되고 같은 물질이 생성된다. 내가 볼 때 이 사실은 신경 과학계의 진정한 혁명적 발견이다.

하버드 대학교의 의사이자 심장학자인 허버트 벤슨Herbert Benson 박사는 동양 철학에서 영감을 받아서 이완과 명상을 깊이 연구한 최초의 과학자 중 한 명이다. 그는 '행동의학'이라고 하는 심신 연구의 선구자이다. 이 연구의 목적은 불안과 스트레스의 해로운 영향 앞에서 명상과 특정 정신 태도의 효과를 증명하는 것이었다. 이것은 종교와 의학, 신앙과 과학, 동양과 서양, 마음과 몸을 연결하는 다리를 의미한다. 그는 이 개념에 '기억된 웰니스 Remembered Wellness'이라는 이름을 붙였다. 과거의 만족스럽고 감동적이며 즐거운 일들을 기억하면 우리 몸은 항우울제 화학 물질을 생성시킨다.

나는 부부 사이에 긴장감이 확인되면 보통 다음과 같은 질문을 한다.

"두 분은 처음에 어떻게 만났어요, 남편분과 어떻게 사랑에 빠지셨나요?"

둘 다 기분이 좋지 않고 그 사이에 긴장감이 팽팽하다고 해도, 과거의 행복한 시간을 기억하면 적어도 순간적으로는 말하는 사람의 어조가 변한다. 그래서 수많은 스트레스나 트라우마 치료 또는 완화 요법들은 일명 '안전 공간safe space'을 마음속에 만든다. 머릿속에 느낌이나 기억, 이미지를 떠올리기만 해도 우리 마음에는 평화가 찾아오기 때문이다.

벤슨 박사는 두통이나 허리 통증이 있는 사람이 위약만으로도 나아질 수 있다고 주장한다. 이유가 뭘까? 약을 먹은 후 과거의 행복한 순간의 느낌을 떠올려보라. 그러면, 왜 위약 효과가 마법 같은 힘을 가졌는지 알 수 있을 것이다.

도네가와 스스무(Tonegawa Susumu)
행복한 기억의 과학적인 힘

일본 분자생물학자인 도네가와 스스무는 1987년 면역학 연구의 진보를 가져온 항체 생산 유전자의 면역 메커니즘을 밝힌 공로로 노벨 생리의학상을 수상했다. 1990년 그는 기억 형성과 회복의 분자적 기초를 심화시키는 데 초점을 맞추면서 연구 분야를 갑자기 바꾸었다. 2년 후 그는 학습과 기억 과정에서 세포와 기본 매개체 사이의 신호 전달에 관여하는 'CaMKII (Ca2+/calmodulin-dependent protein kinase)'이라는 효소를 발견했다. 알츠하이머는 이 효소의 조절 장애와 관련이 있다.

2017년 자연과학 분야 국제학술저널인 <네이처>에 게재된 매사추세츠공과대학의 도네가와 교수가 이끄는 연구에 따르면, 과거의 행복한 일을 기억하면 보상 체계와 동기부여 체계가 활성화되기 때문에 기분에 긍정적인 영향을 미친다.

과거의 긍정적 경험을 떠올리면 우울증을 비롯한 다른 기분 변화에 강력한 해독제가 된다. 이런 사실이 별로 놀랍지 않을 수도 있겠지만, 이런 상식적인 내용을 검증된 신경 과학적 근거를 바탕으로 확인할 수 있다는 건 꽤 안심되는 일이다.

이 과정에는 뇌의 여러 영역이 관여한다. 즉, 우수한 기억 영역인 해마와 두려움을 관리하고 높은 정서적 경험을 기억하는 편도체, 그리고 보상 체계인 측좌핵이 함께 한다.

기억은 그 자체로, 긍정적 실제 경험보다
더 큰 치유력이 있다.

3

코르티솔

생각은 우리 내면세계를 변화시킨다. 영화관이나 극장에 갔는 데 누군가가 외치는 소리를 들었다고 상상해보자.

"불이야!"

당신은 곧바로 경계하면서 불안에 휩싸여 가까운 출구 쪽으로 뛰어나갈 것이다. 과연 이럴 때 당신의 몸속에서 무슨 일이 벌어 질까? 가장 먼저 몸은 깜짝 놀라서 시상하부에 신호를 보내는 동 시에, 다른 뇌 영역을 활성화한다. 그리고 한 번쯤은 경험해봤듯 이 호르몬과 신경 신호를 받으면서 맥박이 정상보다 빨리 뛰고, 체온이 오르며 땀이 나는 등 몸의 무의식적 반응이 시작된다. 머 리는 여전히 위험을 인식하지 못할 때도 있다. 그리고 이 정보는 시상과 대뇌 피질을 통과한다. 여기서 수신된 정보는 인지적으 로 처리되며, 위협 정도에 따라 두려움에 대응하는 방법이 결정 된다.

시상하부에서 신호를 받고 나면, 신장 위에 있는 부신이 일련의 호르몬을 방출하는데, 그중에서 아드레날린과 코르티솔이 두드러진다.

당신의 여행 동반자 알아보기

여기에서 우리 삶의 중요한 동반자를 소개하려고 한다. 다음 내용을 읽고 나면, 왜 우리 몸에서 그런 일이 벌어졌는지를 알고, 삶의 많은 순간과 당신을 둘러싼 수많은 행동을 이해하게 될 것이다. 이 장에 특별히 주의를 기울이기 바란다.

코르티솔 자체는 나쁘지 않지만,
과잉 분비되면 몸에 해롭다.

영화관 이야기로 다시 돌아가 보자. 만일 우리 몸에서 코르티솔이 나오지 않으면, 연기가 가득하고 불꽃이 튀는 광경을 보고도 계속 편안한 의자에 앉아 있을 것이다. 따라서, 코르티솔은 우리 생존에 필수이다.

이제 실제 상황을 상상해보자. 그런 상황에서는 맥박이 빨리 뛰기 시작하고, 숨을 헐떡이면서 초조해하고, 앉은 곳에서 가장 가까운 출구를 찾게 될 것이다. 그리고 주위 사람들의 놀란 얼굴도 눈에 들어올 것이다. 이럴 때는 정확한 상황 판단이 어렵다. 마침내, 건물 밖으로 나오고 나면 온몸이 땀범벅이 된 채로 떨리게 된다. 그런데 그때 누군가가 당신에게 극장 안에 불이 나지 않았고, 경보기 고장으로 이유 없이 갑자기 벨이 울렸던 거라며 걱정하지 말라고 말해준다. 얼마 후 극장 문이 다시 열리고 십 분 후에 모든 관객이 다시 제자리에 가서 앉는다. 관객 모두는 전에 앉았던 곳으로 돌아왔지만, 이때 경보가 울리기 전과 똑같은 생리적, 정신적 상태에 있는 사람은 없을 것이다.

이유가 뭘까? 우리가 경험한 코르티솔의 최고치가 완전히 사라지고 정상 수준으로 돌아가는 데 몇 시간이 걸리기 때문이다. 분명 당신도 이런 경험이 있을 것이다. 운전하고 있는데 누군가 빨간 불에 갑자기 길에 뛰어들었다. 가까스로 보행자와 부딪히지 않았고, 아무 일도 벌어지지 않았다. 하지만 당신의 몸은 위험을 인지하고 가슴에 찌르는 통증을 느낄 것이다. 이것은 코르티솔이 많이 분비되었다는 뜻이고, 몸이 보내는 경고 신호이다.

그렇다면, 코르티솔은 무슨 역할을 할까?

• 코르티솔은 신체의 여러 기관에 다양하고 큰 영향을 미친다. 코르티솔 수치가 높으면 우리는 밖으로 뛰어나갈 준비를 한다. 그리고 혈액은 피하거나 방어하는 행동을 강화하기 위해 내장에서 근육으로 이동한다. 그래서 불안하면 식욕이 떨어진다. 이런 느낌들이 활성화되면(신경이 곤두서면), 직감적인 위협 확인에 도움이 되는 자극을 감지하려고 한다. 그리고 근조직은 위험이나 싸움을 피하는 데 필요한 신경 및 생

화학적 신호들을 받는다. 코르티솔은 산소와 포도당 및 지방산이 각각의 근육 기능을 수행하도록 도와준다. 또, 심박수가 빨라지면 심장은 더 빨리 펌프질을 하며 혈액과 영양분을 근육으로 운반해 갑작스러운 위협에 대응하게 한다.

• 코르티솔은 인슐린 분비를 억제해서 포도당과 단백질을 혈액으로 방출한다. 그러므로 코르티솔이 제대로 조절되지 않으면, 머지않아 심각한 당뇨병이 생길 수도 있다.

• 코르티솔은 체액의 삼투조절 역할을 한다. 혈압 조절의 핵심이며 뼈(코르티솔은 골다공증을 증가시킴)와 근육(수축, 당김, 경련 등)에도 관여한다.

• 코르티솔의 필수 기능이 있는데, 면역계에 중대한 영향을 끼치고, (처음에는) 염증을 억제한다. 심각한 질병의 발생을 이해하는 데 꼭 필요한 내용이기 때문에, 이것에 대해서는 이후에 좀 더 자세히 이야기할 것이다. 스트레스를 받으면 신체는 에너지 자원들을 투입한다. 면역계에는 많은 에너지가 필요하다. 그래서 몸이 아프면 피로를 느낀다. 대부분 에너지가 방어 체계로 몰려가고 사용되기 때문이다.

• 마지막으로 코르티솔은 내분비계 측면에서 다양한 기관을 교란한다. ① 생식계에 영향을 주는데, 스트레스와 고통은 여성의 정상적인 주기나 가임 능력을 바꿀 수 있다. ② 성장계를 억제한다. ③ 갑상샘 기능에도 영향을 주기 때문에 기능 항진증이나 저하증 또는 이와 관련된 다른 질병이 생길 수 있다.

뿐만 아니라 신체 성장과 관련된 요소에도 영향을 준다. 갑자기 위협을 받으면 몸은 가능한 모든 에너지를 모으기 위해 애쓴다. 따라서 성장과 관련된 기능을 포함해 불필요하다고 판단되는 모든 것을 차단하고 마비시킨다. 매일 우리 몸에는 수백만 개의 세포가 죽기 때문에, 그만큼 매일 세포 재생이 필요하다. 그러나 만일 우리가 스트레스 때문에 성장이 저해된다면, 몸은 잃어버린 세포를 대체하지 못해서 아플 수밖에 없다.

트라우마적 사건을 겪은 장소로 돌아가면 무슨 일이 벌어질까?

시간이 지난 후 충격적인 사건이 일어났던 그 자리로 다시 돌아간다고 생각해보자. 당신이 지금 다시 극장의 편안한 의자에 앉아 있지만, 갑자기 알 수 없는 경계심이 들고 불안감이 엄습할 것이다. 그러다가 갑자기 일어나서 비상구 주위를 쳐다본다. 이유를 잘 생각해보고 나서 출구에서 가까운 곳으로 자리를 바꾼다. 지금 당신에게 이전의 고통이 되살아나는 중이다. 그 순간 당신의 몸에는 "불이야!" 소리를 듣고 경보음이 울릴 때와 같은 양의 코르티솔이 나온다.

뇌와 몸은 실제와 상상을
구별하지 못한다.

뇌는 우리의 내적 균형에 깊은 영향을 미친다. 우리가 걱정스러운 생각을 하면 실제로 걱정스러운 상황이 벌어졌을 때와 비슷한 충격을 받게 된다. 또, 지치게 하는 일을 상상할 때마다, 몸에서는 똑같은 경보 시스템이 활성화되고, 그 위협에 대응하는 데 필요한 코르티솔이 나온다.

계속 걱정하면 어떻게 될까?

실제 또는 상상으로 걱정하거나, 오래 위험을 느끼면 코르티솔은 권장 수치보다 최대 50% 증가할 수 있다. 이것은 스트레스를 이해하는 데 중요한 자료이다! 우리 몸은 실제 위험이나 위협을 만났을 때만 작동되는 게 아니다. 직장이나 재산을 잃을 수 있다는 걱정이나 우리의 명성, 우정, 사회적 지위가 위태로울 수 있다는 가능성을 생각만 해도 활성화된다.

코르티솔은 순환 주기가 있는 호르몬이라서 밤에는 수치가 낮고 아침 8시쯤까지 오른 다음, 조금씩 내려간다. 일반적으로 코르티솔 방출은 빛의 주기를 따르는 특징을 보인다. 깨어 있을 때 더 많이 나오는데, 우리가 아침에 신체를 활성화하는 데 도움이 된다. 그리고 낮 동안에는 계속 감소하다가 해질녘에 살짝 증가한다.

코르티솔이 만성적으로 증가하면
독성 물질처럼 작용한다.

스트레스는 몸에 염증 반응을 일으키는 주요 요인 중 하나이다. 스트레스는 세 가지 주요 신체 기관인 내분비계와 면역계, 신경계를 통해서 염증 형성 과정과 관련된 기능에 중요한 변화를 일으킨다.

- 내분비계는 코르티솔과 노르에피네프린 분비를 활성화한다. 그리고 혈액 속에 코르티솔이 '부작용'을 일으키면, 염증 반응에 변화가 생긴다.

- 면역계도 염증 반응과 중요한 관계가 있다. 방어 세포들은 그 막에 특정 코르티솔 수용체를 가지고 있는데 더 민감해져서 정확하게 염증 조절을 할 수 없게 된다.

- 신경계는 위협이나 위험에 반응하고 조정하는 역할을 한다. 뇌는 호르몬 체계(코르티솔)의 도움으로, 말초 신경계를 통해 몸의 또 다른 부분에 경고해준다. 이런 신호들은 신체 변화를 일으켜서 그런 위험에 적응하게 한다. 스트레스가 만성화되면 적응 및 반응 메커니즘이 포화가 되어서 신경적 차단이 일어나고, 그 결과 다양한 질병이 발생할 수 있다.

> 따라서 지속적인 스트레스를 받는 사람은
> 주로 두 가지 문제를 겪는다. 첫째, 신체 성장과 건강한 재생이
> 중단되고, 둘째, 면역계가 억제된다.

신경계 이해하기

식물신경계(일명, 자율신경계)는 비자발적 기능을 조절하는 일련의 뉴런으로 구성된다. 이것은 교감 신경계와 부교감 신경계로 나뉘는데, 전자는 행동과 관련이 있고, 후자는 휴식과 관련이 있다. 따라서 이 둘은 서로 반대로 작용하는 완전한 길항관계에 있다.

교감 신경계

교감 신경계는 생존 본능 및 위험한 순간에 하는 행동과 관련이 있다. 이것은 심장 박동을 강하고 빠르게 하고, 피부 털을 세우며, 땀 분비를 촉진한다. 이것은 수의근 수축을 촉진하고, 기관지를 확장해서 산소 공급을 빨리 하고, 내장에서 근육과 심장으로 혈액 공급을 재지정함으로써 혈관을 수축시킨다. 또, 우리 주변에 무엇이 있는지 더 잘 알아보도록 동공을 팽창시키고 부신에서 아드레날린과 코르티솔이 나오도록 자극한다. 이런 특징은 불확실하거나 개인의 안전이 위협받는 새로운 상황에서 스스로 경계하는 데 유용하다. 만일 도망쳐야 할 상황이라면, 혈액이 소화계가 아닌,

사지의 근육에 있는 편이 낫다. 소화는 위협에서 벗어난 후에 해도 늦지 않으니까.

따라서 교감 신경계는 잘 모르거나 통제되지 않는, 낯선 상황에서 발생하는 스트레스 반응에서 중요한 역할을 한다. 하지만 교감 신경계가 계속 활성화되면 특히 부교감 신경계가 촉진하는 조직의 재생을 방해하기 때문에 건강에 매우 해로울 수 있다.

부교감 신경계

부교감 신경계는 우선 소화계와 비뇨기계의 연동 및 분비 기능을 활성화한다. 소변과 대변의 배출을 위해 괄약근을 이완시키고 기관지 축소와 호흡기 분비물을 유발한다. 혈관을 확장해서 내장으로 혈류를 재분배한다. 또한, 성적 흥분을 촉진하며 심장 수축 강도와 빈도수를 줄이는 역할을 한다. 일반적으로 부교감 신경계는 세포와 조직tissue의 유지와 관련 있고, 노화를 방지하거나 늦춤으로써 더 나은 상태로 오래 살 수 있게 해준다.

'독성 코르티솔'로 인한 증상들

현대인의 삶은 이전보다 더 많은 염증을 유발한다. 만성 스트레스는 코르티솔에 맞서는 면역 세포의 민감성을 떨어뜨린다. 즉, 신체의 방어 시스템이 비활성화되어 실제 위협에 맞서 싸울 수 없게 된다. 염증 조절 능력이 떨어지기 때문에, 위험으로부터 몸을 방어할 수가 없다. 사실상 위협과 공포 또는 긴장 상황이 발생하면 프로스타글란딘생체 내에서 합성된 몸의 기능을 제어하는 호르몬 물질―역주, 류코트리엔항원에 대한 면역 반응에서 백혈구가 생성해내는 물질―역주, 사이토카인면역세포에서 분비되는 단백질 면역조절제―역주 등의 물질이 활성화되어 조직에 심각한 손상을 줄 수 있다. 휴가가 시작된 지 얼마 안 돼서 안 아파본 사람이 있을까? 우리 몸은 약해지면서 감기에 걸리고, 요로감염증 또는 위염에 걸리기 쉽다.

코르티솔-면역계의 변화는 유전자에까지 일어난다. 우리는 독성 코르티솔이 가장 깊은 수준까지 변화를 일으킨다는 것을 알고 있다. 처음 골수에서 생성되는 '새로운' 세포들은 처음에는 코르티솔에 민감하지 않다. 하지만 독성 코르티솔이 일으킨 변화는 오늘날 많이 퍼져있는 질병과 장애의 원인이 될 수 있다. 우리는 이런 실험장 한복판에 있는 셈이다.

위협적이라는 생각만 해도 염증성 사이토카인의 생성이 증가하는데, 이것은 신체의 다양한 세포들에 매우 해로울 수 있는 단백질이다. 이것은 면역계의 세포 감소와 관련이 있으므로, 감염에 더 취약해진다. 반대로! 타인에게 위협을 느끼는 대신 이해하고 협력한다고 느끼면, 부교감 신경계의 일부인 미주신경이 활성화된다.

스트레스와 다양한 문제, 두려움 또는 긴장감으로 코르티솔 수치가 오랫동안 상승하면 어떻게 될까? 계속 스트레스를 받거나, 경계하거나, 두려워하면 세포가 더 많이 파괴되고 조기 노화를 초래한다. 오늘날 우리는 사람들이 만성 스트레스를 받은 후에 많은 질병이 시작되고 촉진된다는 사실을 잘 알고 있다.

이미 설명했듯이 코르티솔 수치는 두려움과 위협, 슬픔 또는 좌절의 상황에서 상승한다. 만일 우리가 코르티솔에 '중독'되면, 몸과 마음을 긍정적이고 건강하게 해주는 호르몬인 세로토닌이나 도파민 대신에 코르티솔이 혈액 속에 넘쳐나게 된다. 이 증상은 신체, 심리, 행동 면에서 모두 발생한다.

신체 증상

몇 가지 증상을 꼽아본다면, 탈모와 눈 떨림, 손과 발의 과도한 발한, 피부 건조, 목에 뭔가 걸린 느낌, 가슴 답답함, 질식, 빈맥, 감각 이상(사지 마비), 위장 문제, 과민성장증후군, 근육통, 갑상샘 문제, 편두통, 틱, 관절염, 섬유근육통 등이 있다.

여성의 경우에는 생리주기가 바뀌는 일이 매우 흔하다. 생리주기를 담당하는 호르몬이 특히 스트레스에 민감하기 때문이다.

왜 모든 곳이 아플까?

어딘가 부딪히고, 다치고, 쓰러지는 사고들은 우리 삶의 일부이다. 이런 일이 생기면, 우리 몸은 염증을 포함한 자가 치유 메커니즘을 실행한다. 이 반응은 세포와 조직에 생긴 손상을 회복해서 감염이나 질병 악화를 예방하기 때문에 유익하고 건강하다. 우리는 모두 근육의 경직성과 지속적 통증, 뻐근함, 긴장감 또는 수축을 한 번쯤은 경험해봤을 것이다. 이런 증상의 궁극적 원인이 항상 운동 기관에 있는 건 아니다. 만성 스트레스가 이러한 지속적인 통증의 원인 중 하나이다. 그래서 오늘날은 이부프로펜과 같은 비스테로이드 항염증제가 남용된다.

근육통이 꼭 염증 때문만은 아니다. 이것은 부신-코르티솔-면역 메커니즘에 의해 발생하지만, 무의식적으로 신체가 방어 자세를 취하도록 유도하는 교감 신경계의 활성화로 발생하기도 한다. 때때로 이런 근육의 불편함은 턱관절에서 아주 강하게 일어난다. 이것은 계속 치아를 꽉 무는 움직임(이갈이)으로 생기는데, 결국 치아를 닳게 하고 턱관절을 악화시킨다. 이갈이는 특히 자는 동안 심하게 나타난다.

심리 증상

만성적 스트레스를 받으면 수면 패턴에도 변화가 생기고(이 주제는 다시 다룰 것이다) 과민성, 우울증, 즐길 수 없음, 무관심 및 무기력이 나타난다. 또한 계속 경계 상태로 있으면 집중력이나 기억력이 저하된다. 지속적인 불안은 우울증으로 향하는 문이다. 많은 우울증의 경우가 오랜 시간 경계 상태로 지내기 때문이다.

기억은 코르티솔 수치에 매우 민감하다. 뇌에서 학습과 기억을 담당하는 기관인 해마는 코르티솔 수치 변화에 곧장 영향을 받는다. 분명 당신도 이런 일을 경험해봤을 것이다. 시험 준비를 잘 해왔는데, 너무 긴장해서 그만 머리가 하얘졌다. 당신이 분명히 공부한 내용인데! 당신에게 벌어진 일을 간단히 설명하자면, 갑작스러운 코르티솔 증가로 해마의 기능이 막힌 것이다. 설레발을 치는 신경들은 '내가 낙제하면 무슨 일이 벌어질까, 기억이 안 날 것 같아, 분명 내가 모르는 질문이 나올 거야…'라며 해마와 기억을 차단한다. 그렇게 처음에는 근거가 없었던 두려움이 정말로 현실이 된다.

행동 증상

코르티솔 수치가 높으면 스스로 고립되기 때문에, 친구나 가족을 보고 싶어 하지 않는다. 대화를 하는 데도 어려움이 있고, 일상적인 활동을 피하게 된다. 사교 행사에서 무표정하게 있고 다른 사람들에게 마음을 열 생각도 없다.

유스트레스(eustress)는 나쁘지 않고 독성도 없으며, 오히려 정반대이다. 이것은 실제 또는 상상의 위협 앞에서 신체가 활성화되는 자연스러운 반응이다. 위험할 때 생존에 필수적이고 도전 앞에서 최선을 다해 맞서도록 돕는다. 정작 해로운 일은 이 위협이 사라지거나 근거가 없어졌는데도 몸과 마음이 계속 위험이나 두려움을 느낄 때 발생한다.

뇌와 몸은 실제와 상상을 구분하지 못한다

이것은 이 책에서 나누고 싶은 또 다른 주제이다. 뇌는 실제와 상상을 구분하지 못한다. 우리가 의식적으로나 무의식적으로 정신 상태를 바꿀 때마다 신체에서 변화가 일어난다. 분자뿐만 아니라 세포 및 유전자 모두에서 변화가 일어난다. 마찬가지로 신체 상태를 바꾸면 머리와 감정이 변화를 알아챈다. 나는 이 장에서 내내 자기 생각을 인식하는 것에 관한 중요성을 강조해왔다. 생각은 우리 신체를 변화시킨다. 머리는 일상 경험과 상황에 따라 적응하고 재구성된다.

> 스트레스를 받는 뇌는 해로운 생각으로
> 가득 찬 삶의 결과이다.

두뇌는 몸에 대해 특별한 통제력과 영향력을 가진다. 생각은 머리와 신체에 직접적인 영향을 끼친다. 만일 편안한 상태에서 눈을 감고 사랑하는 사람을 떠올리면, 몸에서 옥시토신과 도파민이 분비된다. 하지만, 불편한 상태에서는 몸에서 오한이나 닭살 또는 많은 육체적 징후가 나타난다. 사랑에 빠진 사람들(이 주제를 다루는 건 이 책 전체로도 부족하다)은 매우 강력한 감정적, 심리적, '신체적' 행복감을 느낀다. 하지만, 뭔가(시험, 회의, 직장 해고, 돈 부족)에 놀라면, 자동으로 스트레스 호르몬이 나온다.

간단한 예를 들어보자. 눈을 감고 레몬을 떠올려보자. 노란색이고 타원형에… 손 위에 그것을 올려놓고 느끼고 잘 만져보자. 그리고 코를 가까이 대보자. 칼로 그걸 잘라 보자. 어떤 변화가 있는가? 침이 고이기 시작했는가? 한 조각 잘라서 입에 대고 맛을 보고, 한입 베어 물어보자. 이제 눈을 떠보자. 물론 눈앞에는 레몬이 없지만, 몸은 이미 레몬을 먹은 것처럼 반응했다! 상상은 뇌에 강력한 영향을 끼친다.

생각은 당신의 뇌와 몸에 큰 영향을 끼친다. 만일 계속 과거의 사건이나 미래에 일어날 부정적인 일을 생각한다면, 뇌는 당신이 그런 상황 속에 계속 있고 싶고, 집중하길 원하는 것으로 이해한다. 그러면 무슨 일이 벌어질까? 과거와 미래의 해로운 사고에 걸려들어 갇히게 된다. 즉, 머리는 똑바로 생각을 관리하거나 집중하지 못한다. 좀 더 시각적으로 이해하자면, 우리가 부정적이고 괴롭거나 해로운 생각을 할 때마다, 뇌가 신호를 받아서 그런 생각들에 갇혀있게 만드는 고속의 전용회선 신경 회로를 만든다. 뇌는 실제와 상상을 구분하지 않는다.

이 책 4장부터는 생각을 재교육하고 우리의 생각을 막는 부정적 사고의 흐름을 통제하기 위한 구체적인 방법들을 살펴볼 것이다.

음식과 염증과 코르티솔

어떤 사람들은 '우리가 먹는 것이 곧 우리다.'라고 말한다. 나는 '우리가 느끼고 생각하고 사랑하는 것이 곧 우리다.'라는 쪽이지만, 음식이 건강에 중요한 역할을 하는 건 분명한 사실이다. 우리는 일부 음식이 암 같은 심각한 질병과 깊은 관계가 있다는 사실을 알고 있다. 최근에는 우리의 식습관이 크게 바뀌었다. 현재 영양학자들이 다루는 자료에 따르면, 우리가 먹는 음식은 몇 년 전과 비교해 30% 더 많은 염증을 유발한다.

만성 염증이 있는 사람은 비타민(D, E, C)과 오메가3를 권장량보다 적게 섭취한 것이다. 만성 염증은 장내방벽을 변화시켜 특정 물질을 더 잘 투과하도록 촉진한다. 이것은 면역계에 해를 끼치고, 식후에 불편하고 부정적인 반응을 일으킬 수 있다.

염증을 촉진하는 음식은 췌장에서 인슐린 분비와 깊은 관계가 있다. 이 일을 일으키는 '상습범들' 중에는 알코올, 포화 지방, 단음료 및 빵 제조에 사용되는 정제 밀가루가 있다.

그래서 '염증을 일으키는 패스트푸드'를 조심해야 한다. 최근 하버드 대학에서 발표한 연구에 따르면, 흰 밀가루와 포화 지방 및 트랜스 지방, 단 음료, 붉은 육류 같은 염증성 식품을 많이 섭취한 여성은 우울증 발생 위험이 그렇지 않은 사람에 비해 41%나 더 높다. 따라서 다음과 같은 항염증 효과가 있는 음식을 섭취해야 한다.

- 오메가3 (제8장에 자세히 설명할 것이다).
- 강황 같은 일부 향신료는 강력한 항염증 효과가 있다.
- 감귤류 과일
- 비타민 D: 우울증과 비타민 D 부족의 관련 연구가 점점 더 증가하고 있다. 정신과 전문의들이 환자의 비타민 D 수치를 측정하기 시작했고, 비타민 D 치료 후에는 우울증 증상이 호전되었다.
- 양파, 대파, 미나리, 월계수, 로즈메리

소화 기관은 염증에서 어떤 역할을 할까?

몇 년 전 나는 프로바이오틱스체내에 들어가서 건강에 좋은 효과를 주는 살아있는 균—역주와 장내세균총장 속에 자연적으로 존재하는 세균과 미생물—역주과 감정이나 정신적 상태의 직접적인 연관성에 관한 연구를 제안 받았다. 나는 이 주제에 관한 많은 정보를 수집하며 관련 기사와 출판물을 검토했다. 이 주제는 유망하고 흥미진진한 분야이며 최근 몇 년 동안 이와 관련된 연구가 많이 증가했다.

뇌와 장 사이에는 매우 중요한 연관성이 있다. 식도에서 항문으로 이어지는 소화관은 1억 개 이상의 신경 세포로 덮여 있다. 이것은 소뇌부터 척수까지의 중추 신경계에 있는 모든 세포 수와 맞먹는다! 게다가 소화관 안에는 천억 개 이상의 미생물이 서식한다. 그들은 영양소와 음식을 처리하는 데 중요한 역할을 하며 다량의 분자를 장으로 방출한다. 이것들은 근본적으로 신체에 영향을 미칠 수 있다.

이런 연구들은 최근에야 이루어졌고 많은 부분이 아직은 초기 단계이다. 하지만 이와 관련한 생쥐 실험의 연구 결과는 세균총 부족이 뇌를 포함한 신체에 중대한 영향을 미친다는 사실을 보여준다. 특히 이 실험에서는 세균총의 갑작스러운 변화와 환자의 기분이나 행동의 변화 사이에 특별한 인과 관계가 있음이 확인된다.

이것과 관련된 이론들은 다양하다. 2015년에 나온 논문에 따르면, 장 투과성에 문제가 생기면 염증이 발생할 수 있고, 이로 인해 기분 장애가 발생한다. 한편, 일부 미생물은 뇌의 신경전달물질로 작용하는 물질을 분비하는 것으로 상정했다. 최종적으로, 소화관에 서식하는 이런 미생물들이 만드는 물질 중 일부는 면역계나 신경계에 직접적인 영향을 미치는 것으로 추측된다.

> 세균총은 장 투과성 조절과 우울증의 염증 성분에서
> 핵심적인 역할을 한다.

세로토닌은 행복과 웰빙, 식욕, 성욕 및 심신의 여러 기능을 담당하는 호르몬으로 불안과 우울에 책임이 있다. 하지만 뇌 내 세로토닌이 우울증을 낮춘다는 생각은 잘못이다. 신체의 세로토닌의 90%는 장에서 만들어지고, 나머지만이 뇌에서 만들어지기 때문이다.

프로바이오틱스와 기분 사이의 연관성에 관한 연구가 점점 더 늘어나고 있다. 2017년 12월, 의학 전문지 〈뇌·행동·면역〉에 프로바이오틱스가 어떻게 우울 성향에 대응하는지에 관한 연구가 게재되었다. 덴마크의 오르후스 대학의 연구원들은 프로바이오틱스가 장 건강뿐만 아니라, 기분에도 긍정적인 영향을 끼친다는 사실을 강조했다.

최근, 니콜라 로피조Nicola Lopizzo 박사는 알츠하이머병과 염증 및 세균총 사이의 연관성에 관한 연구를 발표했다. 알츠하이머병을 앓는 사람들과 같은 연구에 참여한 건강한 피험자의 세균총이 각각 다르다는 사실을 관찰했다. 오늘날은 그 염증이 알츠하이머병의 발달과 진화에 중요한 역할을 하는 것으로 가정한다. 그리고 그 염증이 세균총에 영향을 받을 수 있는 것으로 여겨진다. 이것은 흥미로운 분야이기 때문에 앞으로도 이 방향의 연구가 활발히 진행될 수밖에 없다.

우울증을 뇌의 염증성 질환으로 볼 수 있을까?

지금까지 읽고 이해한 내용을 바탕으로 우리는 염증, 특히 만성 염증과 질병 사이에 중요한 연관성이 있음을 알았다. 하지만 우울증은 어떨까? 우울증 발생 과정에서 염증은 무슨 역할을 할까?

최근 몇 년 동안 이 관계를 설명하는 과학계의 다양한 목소리가 있었는데, 매우 흥미진진하다. 2018년 2월 제프 마이어Jeff Meyer

박사의 연구팀은 유명한 의학저널 〈란셋〉에 우울증에서 염증의 역할에 관한 과학적 증거를 최초로 발표했다. 그들은 양전자단층촬영PET을 사용해 이미지를 철저히 분석한 후, 수년간 우울증을 앓았던 사람들이 염증 세포의 증가, 즉 면역 과잉 반응과 함께 뇌의 변화가 일어난다는 사실을 발견했다.

한편, 다발성경화증, 흑색종, C형 간염 및 기타 질병의 치료를 위해 인터페론 알파와 같은 일부 면역 조절 약물을 투여했을 때, 이들 중 많은 사람이 우울증 증상을 보이는 것으로 관찰되었다.

한편 폭력과 트라우마, 심각한 부상, 따돌림을 겪은 아동에게는 무슨 일이 벌어질까?

최근 연구들Cattaneo, 2015에 따르면, 따돌림과 부모와 분리, 신체 또는 심리적 학대와 같은 어린 시절의 스트레스가 아동에게 염증을 일으켜서 기분 장애를 유발하기 쉽고, 훨씬 더 취약하게 만들며, 성인기에 우울증을 유발할 수 있다. 오늘날 이것은 혈액으로 '측정'할 수 있다. 우울증 진단과 치료의 주요 문제 중 하나는 이 문제를 해결할 수 있게 도와줄 지표들이 부족하다는 사실이다. 이와 관련해 가장 신뢰할 만한 매개 변수 중 하나는 혈액 내 C 반응성 단백CRP이다.

혈액 내 C 반응성 단백질의 증가는
에너지 부족과 수면 장애 및 식욕과 관련 있다.

알려진 항우울제에 반응하지 않는 환자는 다른 대안을 고려하는 것이 합리적이다. 한 가지 해결책은 인터루킨-6IL-6과 종양괴사인자 알파TNF-α 및 C 반응성 단백질CRP과 같은 염증 수치 지표를 측정하는 것이다. 이것은 우울증을 진단하고 추적하는 데 믿을 만한 지표가 될 수 있다. 우울증을 겪는 사람들은 C 반응성 단백질이 보통 사람들보다 거의 50%가 더 높다.

만성적인 저등급 염증은
우울증과 정신질환 발생 가능성에 중요한 역할을 한다.

2016년 10월, 케임브리지 대학교의 정신과 교수 골람 칸다커 Golam Khandaker 박사가 과학전문지인 〈분자 정신의학〉에 연구 내용을 게재했다. 그는 항염증제 투여가 우울증에 미치는 영향을 연구했다. 특히 염증성 자가면역 질환을 치료하는 데 항사이토카인 단백질(항염증성 분자)을 사용했다. 결과를 수집하고 부작용을 분석한 결과, 놀랍게도 우울증 증상이 개선되었다.

약리학적 치료법이 절대적으로 효과가 있는 건 아니다. 환자의 3분의 1 정도가 기존에 나온 항우울제에 반응하지 않기 때문이다. 이렇게 개인마다 치료 효과의 차이는 있지만, 우울증을 겪는 많은 사람에게 염증은 필수조건처럼 보인다. 아마도 머지않은 미래에는 기존의 우울증 치료 방법을 거부하는 환자에게 항염증제*를 적용할 수 있을 것이다. 자가면역 질환에 사용하는 것과 비

숫한 생물학적 항염증제인 항사이토카인 단클론 항체^{하나의 항원결정}
기에만 항체반응을 하는 항체—역주 말이다.

> 기존의 항우울제에 반응하지 않는 환자의 약 3분의 1이
> 염증에 관한 명확한 증거를 보여준다.

요약하자면:

- 우울증은 면역계의 활성화(사이토카인 및 기타 물질로 발생)
  와 연관된 만성적인 저등급 염증과 관련이 있다.
- 우울증은 염증성 질환, 심혈관 질환, 암에서 자주 발생한다.
- 일부 면역조절제 투여 시 우울증 증상이 나타난다.
- 당뇨병 환자는 우울증 위험이 두 배이다.
- 스트레스와 흡연, 소화기 장애 및 비타민 D의 낮은 수치가
  염증 반응을 동반한다. 염증은 우울증 발생을 촉진할 뿐만
  아니라, 그 대응과 완화의 핵심 요소이다.
- 염증은 우울증에서 필수 과정이다. 따라서 질병의 지표로서
  뿐만 아니라 치료에 대한 반응으로서 여러 시점에서 염증을
  고려해야 한다. 치료 과정 전반에 걸쳐 염증 수치를 추적하
  고 가능한 내성이나 치료에 대한 반응을 관찰하는 것이 도움

---

* 보통 우리가 아는 이부프로펜 같은 항염증제는 아니지만, 비슷하다. 다만, 이것은 우울
증의 염증 과정의 생화학적 표적을 찾는 데 초점을 맞춘다.

이 될 수 있다.

- 염증 연구는 기존 치료법에 내성이 있는 우울증 치료에 새로운 가능성의 문을 열어준다.

- 염증은 함께 나타나는 증상과 기질성 장애(심혈관 질환, 우울증, 만성 불안, 내분비 장애 등)의 연관성을 찾고 이해하는 데 핵심이다.

- 우리가 아플 때는, 뭔가 제대로 작동되지 않고 있음을 몸에 경고하는 물질, 즉 사이토카인이 생성된다. 우울증 상태에서는 사이토카인 수치가 심하게 높아진다. 반대로, 양극성 장애와 같은 또 다른 정신질환들의 완화 단계에서는 사이토카인 수치가 안정화된다.

있었던 일도,
일어날 일도 아니다

☺

과거의 상처를 극복하고
희망찬 미래를 바라보기

정신과 의사인 내가 생각하는 행복이란 과거 상처를 극복하고
미래를 희망차게 바라보며 현재를 건강하게 살 수 있는 능력이다.
과거에 사로잡힌 사람들은 우울하고 신경질적이며 원망이 많다.
미래를 걱정하며 사는 사람들은 불안해한다. 이렇게 우울과 불안
은 21세기의 두 가지 큰 질병이다.

우리가 걱정하는 일의 90%는 절대로 일어나지 않는다.
하지만 몸과 마음은
그것을 마치 진짜 일어난 것처럼 경험한다.

우리는 일어날 가능성이 없는 일들에 끊임없이 시달리며 살아

간다. 만일 시험에 합격하지 못하면 어떡하지? 해고되면 어쩌지? 이 프로젝트가 잘못되면 어떡하지? 장학금을 또 못 받으면 어쩌지? 애인이 날 떠나면 어떡하지? 내 아이에게 무슨 일이 생기면 어떻게 하지? 내가 아프면 어쩌지? 부모님이 편찮으시면 어쩌지? 여기에서 되풀이되는 말 '○○하면 어떡하지'는 우리 몸과 마음에 매우 강한 영향을 미친다. 현재 이 순간에만 행동하고, 느끼고, 반응할 수 있다는 사실을 절대 잊지 말자.

> 당신이 누군가에게 무슨 걱정을 하느냐고 물어보면,
> 과거나 미래의 일들을 대답할 것이다.
> 우리는 현재를 사는 법을 잊어버렸다!

과거에 집착하는 삶

과거는 귀중한 정보원이지만, 그것이 미래를 결정할 수는 없다. 과거에 마음을 묶어두고 이미 벌어진 일을 향해 계속 되돌아가면 우울과 좌절, 죄책감, 슬픔 또는 원통 같은 감정부터 우울증까지 여러 부작용이 나타날 수 있다.

이 모든 것에는 현재를 즐기지 못하게 막는다는 공통점이 있다. 과거에 갇혀있으면 우리의 삶은 앞으로 나아갈 수가 없다.

죄책감

죄책감만큼 해롭고 파괴적인 감정도 없다. 이것은 자신이 올바르게 행동하지 않았거나 기대치를 채우지 못해서 자신이나 다른 사람을 실망시켰다는 느낌이다.

죄책감의 원인은 다양할 수 있다. 타인이나 자신의 요구치, 부모의 교육, 금기 사항, 또래와의 관계, 아동 청소년기에 잘못 형성되거나 교육받은 성 문제, 또는 종교에 관한 부정확하거나 극단적인 해석 등이다. 죄책감의 시작에 관한 여러 의견을 보자.

- 죄책감은 당신 내부에서 시작될 수 있다. 이런 경우 당신은 항상 실패나 실망을 떠올린다. 그리고 시선은 늘 자신을 향하는데, 한계와 실수만을 바라본다. 앞으로 나아가거나 긍정적으로 보지 못하도록 가혹할 정도로 끔찍하게 자신을 경멸한다.
- 죄책감은 외부에서 시작될 수도 있다. 주변에서 자꾸만 생각나게 만들거나 '비난의 손가락질'을 한다. 예를 들어, 어렸을 때는 '부끄러워해야 해.' '그렇게 하면 아빠가 슬플 거야.'라고 하고, 어른이 되어서는 '경제학을 전공했어야 했어.' '결혼하지 말았어야 했어.' '그 사업을 하지 말았어야 했어.' '그것이 오는 것을 봤어야 했어.'라고 한다.

주의! 내면의 소리도 외부의 소리만큼 마음에 해로울 수 있다.

죄책감에 빠지면 앞으로 나갈 수가 없다. 또한 일부 죄책감은 심각한 기분 장애로 이어질 수 있다. 정신과 상담을 하다 보면 비교적 매우 신경증적이고 무기력한 사람들을 치료하는 일이 흔한데, 이들은 회복할 수 없는 죄책감의 진행 과정에 있는 경우가 많다. 하지만 죄책감을 느끼는 확실한 원인이 있을 때, 과거의 실수는 실패를 극복하고 배우고 개선하는 기회가 될 수 있다.

카탈리나의 사례

카탈리나는 서른한 살에 결혼했다. 그리고 스페인과 유럽 출장을 자주 다니는 다국적 기업에서 일했다. 그녀는 그 일을 즐겼고, 이전까지는 단 한 번도 모성 본능을 느낀 적이 없었다.

그녀는 서른세 살에 처음 엄마가 되었다. 그리고 출산 휴가 기간에 아들 에두아르도에게 큰 애착을 느끼기 시작했다. 그녀는 끊임없이 아기와 모유 수유, 모성에 관한 책을 읽는 자신을 발견하고는 스스로 놀랐다. 그녀는 더 많은 정보를 얻기 위해 다양한 웹사이트에도 가입했다. 그녀는 다른 엄마들과 함께 산후 모임에 참석했고, 마사지하는 곳에 아들을 데려가며, 아들의 일상적인 발달과정에 대해 다른 여성들과 이야기를 나누었다.

그리고 4개월이 지나 직장으로 돌아갈 때가 되었다. 항상 자기 일에 열정적이었던 그녀가 왠지 복귀 전부터 괴로움이 밀려왔다. 직장으로 복귀한 후에는 집과의 연결을 끊을 수 없었고, 온종일 아기가 어떻게 지내는지 확인하기 위해 모바일 시스템도 설치했다.

집을 나설 때는 아들을 두고 온 것에 대한 '끔찍한 죄책감'을 느꼈다. 그런 생각에 사로잡힌 그녀는 직장에 와서도 계속 경계 상태였고, 불안해서 일에 집중할 수가 없었다. 그녀의 마음속에는 죄책감이 홍수처럼 밀려왔고, 그녀의 유일한 소원은 집에 가서 아들을 안고 함께 있는 것뿐이었다. 그녀는 건강하지 못한 모자 관계를 맺고 있다는 사실을 깨달았다. 그리고 두 달 후 그녀는 불안한 마음 때문에 휴가를 냈다.

상담에서 처음 그녀를 봤을 때 그녀의 상태가 죄책감에서 비롯된 불안한 우울로 발전했다는 걸 알 수 있었다. 그녀는 자신이 모성 본능 때문에 괴로움을 느낄 거라고 상상도 못 했다. 어떻게 보면 자연스러운 과정이지만, 수년간 그런 느낌을 받은 적이 없었다…! 그리고 지금, 일에 관한 생각을 할 때마다 아들을 두고 온 자신을 비난하는 수천 개의 해로운 생각이 그녀의 머릿속에 가득 찼다.

우리는 그 고통의 정도를 정확히 알아보기 위해 치료를 시작했다. 또 동시에 죄책감으로 인한 내면 상태와 차단과 불안을 자세히 알아보기로 했다. 그녀가 어렸을 때 어머니도 늘 워킹맘이었다. 부모님이 헤어지면서 아버지가 멀리 살았기 때문에, 한 번도 그와 친밀한 관계를 맺은 적이 없었다. 그녀는 다음과 같이 설명했다.

"어머니는 온종일 밖에서 일하셨기 때문에 저를 이웃집에 맡기

셨어요. 그래서 저는 거기에서 숙제하고 그 집 아이들과 놀았어요. 어머니가 저에게 뽀뽀해주시거나 사랑한다고 말해주신 적은 거의 없어요. 어머니는 아주 차갑고 지나치게 실용적인 것을 추구했으며, 제가 옳지 않은 일을 할 때 아주 심하게 비난하셨어요."

그녀가 억제되었던 애착의 감정을 받아들이기 시작할 때까지 몇 달간 치료가 이어졌다. 그녀는 어머니와 자신의 어린 시절을 둘러싼 상황을 이해하고, 있는 그대로 어머니를 사랑하는 법을 새롭게 배웠다. 현재 그녀는 단축 근무 중이고, 둘째 아이를 만날 꿈에 부풀어있다.

죄책감을 떨치는 방법

- 온종일 당신의 마음을 괴롭히는 주된 죄책감을 살펴보고 기록해보자. 살면서 당신에게 가장 큰 영향을 미친 일들이 무엇인지 알아보라. 그리고 어떤 상황에서는 당신이 자신을 가혹하게 판단했을 수도 있다는 사실을 인정하라.

- 살면서 저질렀고, 어떤 식으로든 상처로 남은 실패와 잘못 또는 부족함의 목록을 만들어보자. 너무 후하거나 너무 박하지 않게, 과장 없이 각 목록을 0에서 5까지 평가해보자. 목록 덕분에 죄책감에 대한 인식을 정확하게 파악할 수 있음을 깨닫게 될 것이다.

- 기차에 앉아서 밖을 보는 것처럼 당신을 괴롭히는 과거의 사

건을 훑어보고, 인생의 그 장면이 당신 앞에 지나가는 것을 지켜보자. 그리고 더는 그 일에 영향을 미칠 방법이 없다는 사실을 깨닫자. 죄책감은 당신에게 전혀 도움이 되지 않고, 오히려 발전을 막는다. 죄책감을 느낀다고 그 슬픔과 고뇌 또는 절망이 사라지는 게 아니다. 그것은 전혀 건설적이지 않다. 당신의 발전을 가로막는 처리하고 없애야 하는 해로운 감정일 뿐이다.

- 용감하게 '죄책감에 사로잡혀 살면서 지금 내가 놓치고 있는 것은 무엇인가?'라는 질문을 해보자. 그리고 당신의 현재로 돌아오라. 그동안 주변에서 놀라운 일이 벌어지고 있는데, 알아채지 못하고 있었다는 사실에 놀라게 될 것이다.

- 당신을 사랑하는 법을 배우라. 잘 살기 위해서 가장 필요한 것은 자기 자신과 잘 지내는 방법을 아는 것이다. 죄책감에 시달리는 사람들은 자기 강점과 재능을 보지 못한다. 그들은 한계나 결함 때문에 모든 게 계속 나빠질 것으로 생각한다. 그들의 인식은 왜곡된다!

- 피해의식을 조심하라. 죄책감은 많은 경우 피해의식으로 끝나는 미끄러운 비탈길로, 당신의 삶의 비전을 막고 다른 사람과의 관계를 방해하는 신경증적이고 해로운 행동이다.

- 당신이 좋아하는 것들을 찾아라. 때때로 기분과 과거의 닻에 매여 그것들을 보지 못한다. 분명히 당신 안에는 긍정적으로 성장시켜 줄 재능이 있다! 여기서 가장 큰 도전은 타인의 의

견과 판단에서 벗어나는 것이다.

- 당신의 가치에 집중하라. 죄책감을 느끼게 되면 모든 가치 체계가 흔들린다. 당신이 무엇을 믿는지 그리고 왜 믿는지를 모른다. 당신의 삶을 지배하는 것은 무엇인가? 외부의 강요나 평생 지고 살라고 요구받은 것들 때문에 당신 스스로 너무 힘들지는 않은지 생각해보라.

우울증

우울증은 우리 시대의 질병이다. 임상적 실제 안에서 수많은 유형이 나타나기 때문에, 이것을 복수형인 '우울증들depressions'이라고 표현하는 것이 더 정확할 것 같다. 우울증은 현대 사회의 가장 큰 전염병 중 하나이다. 스페인만 해도 약 250만 명의 사람들이 우울증으로 고통을 겪고 있다.

이는 질병이기 때문에 원인과 증상, 예후, 치료 및 사례들에 따라 예방할 수 있다. 우울증에는 두 가지 유형이 있는데, 내인성 우울증개인의 고유한 특성으로 인해 나타나는 우울증—역주과 외인성 우울증어떤 일이나 사건의 반응에서 일어나는 우울증으로 반응성 우울증이라고도 함—역주이다. 그 사이의 중간 영역에는 이 두 가지 우울증이 섞인 형태도 있다.

오늘날은 모든 것이 몇 년 전에 생각했던 것보다 훨씬 더 얽혀 있다. 우울증과 관련된 몇 가지 신경 회로가 있는데, 가장 많이 연구되는 것이 세로토닌과 도파민 및 노르에피네프린과 같은 모노

아민자극성 회로이다. 그러나 이 회로 중 어떤 것이 알츠하이머병, 파킨슨병 또는 기타 신경계 질환의 원인이 되는지는 입증되지 않았다.

오늘날 일부 사람들은 우울증에 대한 신경생물학적 가설이 인지와 감정 기능을 담당하는 회로의 신경가소성뇌가 외부환경의 양상이나 질에 따라 스스로의 구조와 기능을 변화시키는 특성—역주과 관련이 있다고 가정한다. 즉, 우리는 회로에서 전송보다 회로의 장애에 대해 더 많이 이야기할 것이다.

> 우울증은 슬픔의 질병이다. 수많은 부정적 증상들 즉, 슬픔과 낙담, 무관심, 식욕부진, 실망, 삶의 의지 부족, 무력감, 활동에너지 부족, 자살충동, 과다수면, 주의력결핍 문제는 모두 우울증으로 수렴될 수 있다.

우울증은 아무것도 하고 싶지 않은 상태로 우리 에너지를 고갈시킨다. 그 증상은 매우 다양한데 신체적(두통, 가슴 압박감, 전신 통증), 심리적(가장 중요한 게 정신적 침체인데, 이것은 미래에 대한 비전이 없을 때 자주 발생한다. 왜냐하면, 죄책감으로 모든 것이 부정적으로 변하기 때문), 행동적(행동 마비와 차단, 고립), 인지적(집중력과 암기력 저하, 우울한 생각과 의견으로 불리한 상태에서 현실 인식을 왜곡), 사회적(적극성이라고도 하는 사회적 기술이 약해지거나 그것을 잃게 되고, 대인 관계와 의사소통이 서먹하고 서툴

어짐)인 영역들 사이를 계속 왔다갔다한다. 우울증 증상은 많은 경우 애매한데, 신체장애 증상으로 나타날 수도 있다. 일부 연구에 따르면, 이 증상을 겪는 사람들의 약 60%가 처음에는 신체장애 증상으로 상담에 왔다.

진짜 임상적 우울증을 겪어보지 않은 사람은 그 슬픔을 가늠할수가 없다. 우울증의 고통은 자살만이 그 터널을 빠져나가는 길이라 여겨질 정도로 매우 깊다.

그 누구도 우울증에서 안전한 사람은 없다. 실제로 가족과 유전적 요인, 사회, 경제 등의 위험 요인이 있다. 하지만 상담하다 보면 온갖 부류의 사람들이 우울증의 어두운 터널을 경험한다. 작가와 운동선수, 음악가, 여배우, 가수, 정치인, 뛰어난 사업가, 성공한 사람들 등 많은 사람이 우울증을 앓고 있거나 치료를 받고 있음을 인정했다.

우울증을 앓은 사람들

빈센트 반 고흐 : 그림 천재인 그는 정신 병원에 입원했었다. 불행하게도 그의 상태는 나빠져서 자살로 이어졌다. 붉은 머리카락과 귀가 잘린 이 네덜란드 화가는 자신의 험한 삶이 무의미하다고 느꼈고, 실패한 화가라고 생각했다. 실제로 살아있는 동안 그가 판 그림은 딱 한 점뿐이었다. 결국 삶의 끈을 놓았고, 그가 남긴 마지막 말은 "슬픔은 영원할 것이다."였다.

미켈란젤로 부오나로티 : 많은 이들이 역사상 최고의 조각가로 여기는 그의 우울증은 오늘날 말하는 신체변형장애, 즉 마음에 들지 않은 신체 부위에 대한 집착 때문이었다.

미켈란젤로는 그를 질투한 많은 적 중 한 명인 고약한 성격의 조각가 피에트로 토리지아노의 공격으로 코가 변형되면서 마음에 들지 않는 외모를 갖게 되었다. 그 조각가는 미켈란젤로의 열렬한 후원자인 메디치 가문의 로렌조의 궁정에서 일하고 있었다. 어느 날 그는 질투심에 불타 미켈란젤로의 코를 쳤다. 이 일로 미켈란젤로는 트라우마가 생겨서 수년 동안 고립된 채 친구들도 피했다. 친구인 시인 폴리치아노는 그의 이런 삶의 단계에서 훌륭한 치료자가 되어주었다.

어니스트 헤밍웨이 : 그는 생애 말기에 심한 우울증을 겪었다. 그는 깊은 슬픔과 실망을 느꼈다. 그것을 치료하기 위해 몇 차례의 전기충격을 받기도 했다. 하지만 그 당시 이 치료법은 초보 단계로 미숙해서 환자들에게 매우 해로운 영향을 끼쳤다. 그 결과 그는 기억을 잃었고 인지 능력이 크게 저하되었다. 1954년 그는 노벨 문학상을 받았을 때, 이런 말을 했다.

"최고 수준의 글쓰기는 외로운 삶으로 이어집니다. 작가 단체가 작가의 외로움을 덜어주긴 하지만, 글쓰기를 향상시킬 수 있을지는 의문입니다."

그의 아버지는 1928년에 자살했다. 그 사실을 알게 된 그는 이런 말을 남겼다. "아마 나도 같은 길을 갈 것 같다."

몇 년 후인 1961년에 그는 자신의 예언을 이루었다.

아동의 우울증은 다른 행동과 증상으로 나타난다. 그들은 행동을 통해 자신을 드러내고 표면화한다. 10살에서 12살 사이의 아이는 아직 충분한 정서적 어휘를 가지고 있지 않기 때문에 자신이 느끼는 것을 말로 표현할 줄 모른다. 그래서 아동의 우울증 가능성을 발견하려면 주의를 기울이고 그들의 행동 변화를 올바르게 해석해야 한다. 우울증과 관련 있는 아이는 놀기를 멈추고, 거의 말도 안 하며, 자신에게만 몰입하고, 지루해하며, 자주 울고, 집중하지 않고, 학교생활도 잘하지 못한다. 따라서 부모는 방황하고 꿈을 잃거나 삶의 태도가 바뀐 생기를 잃은 아이들을 알아챌 수 있어야 한다.

다행히도 오늘날 우울증 치료는 모든 수준에서 눈에 띄게 개선되었다. 하지만 우리가 원하는 만큼 아주 빨리 발전하지는 않는다. 우리는 '평생 약을 먹는' 사람을 알고 있거나, 그런 사람들에 대해 들어본 적이 있다. 하지만 증상을 조기에 해결하고 올바른 치료법을 찾으면 치료 가능성이 커진다. 많은 우울증은 지속적인 불안 상태에서 비롯된다(이것은 나중에 더 이야기할 것이다). 따라서 치료는 긍정적인 정신 상태의 기초인 스트레스와 감정, 성격 관리에 집중하는 방향으로 이루어져야 한다.

치료법 예시

나는 상담할 때 주로 개요 식으로 작업한다. 환자의 존재 방식과 스트레스 관리 및 심리적 증상을 나타내는 환자의 성격 모델을 간단하게 그려서 환자가 자신에게 일어나는 일을 이해하고 작업할 수 있게 하는 것이다. 그럼 이런 작업의 사례를 살펴보자.

알레한드라의 사례

알레한드라는 우울증과 공황 발작 및 재발성 편두통에 대한 상담을 받으러 왔다. 그녀는 5년 동안 약물 치료를 받았는데, 개선하는 데는 단 몇 주밖에 걸리지 않았다. 성격을 깊이 분석한 결과, 그녀는 회피적인 성격(과장된 부끄러움)을 가진 사람이었다. 일에 관해서 반복적으로 생각하고 과민 반응을 보이는 경향이 있었다. 그녀가 스트레스를 받는 순간을 찾아보니, 다른 사람들과 관계하거나 사람들 앞에서 일할 때, 그리고 그녀와 복잡한 관계인 전남편을 볼 때 스트레스를 많이 받았다. 그뿐만 아니라 월말에는 재정적 문제까지 늘 따라다녔다.

그녀의 경우에는 슬픔이나 공황 발작을 대비한 약만 주지 않고, 원인(회피 성격) 해결과 스트레스 관리(공공 및 사교 행사는 심각한 긴장 요인), 인지하는 불안 증상(지식과 이완법으로 관리)과 우울증(약이 필요할 수도 있고, 아닐 수도 있음)도 다루었다.

내 경험상 이런 형식으로 상담을 하면 환자는 자신에게 무슨 일이 일어나는지 훨씬 잘 이해하고, 자신의 내부가 어떻게 작동하는지와 투여되는 약물의 치료 목적을 알게 된다.

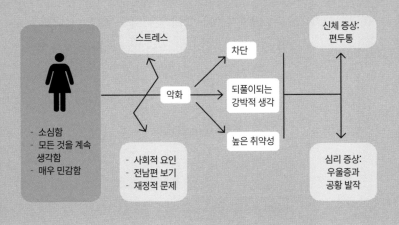

용서

용서는 사랑의 행위이고, 타인과 삶 앞에서 보이는 고상한 태도이다. 용서는 손해를 입고도 후대하는 것이다. 그것은 특별한 형태의 항복이며 인간을 더 높은 차원으로 끌어올린다.

나는 순진하지 않기에 용서하는 것이 얼마나 어려운지 잘 안다. 사소한 상처를 입은 후 용서하는 것과 막대한 상처를 입은 후 용서하는 것은 다르다. 무시와 부당한 공격, 굴욕, 배신, 배우자 불륜, 거친 비판은 극복이 거의 불가능하다고 할 수 있을 정도로 매우 힘든 고통을 줄 수 있다.

나는 캄보디아에서 인생에서 가장 무서운 이야기를 들었다. 나는 그 내용을 노트에 적었고, 가끔 다시 보는데 그럴 때마다 눈물이 난다. 나는 잔인한 고통을 겪은 매춘부 소녀들을 돕고 싶었지만, 그들을 고통에서 벗어나게 할 방법을 찾지 못했다. 나는 늘 우리 같은 정신과 의사와 심리학자들이 고통을 당하거나 상처를 입거나 갇혀있는 사람들이 탈출구를 찾도록 돕는다고 생각했다. 하지만 캄보디아에서는 어디서부터 그 '치료'를 해야 할지 막막했다. 어느 날 나는 메이라는 소녀를 만났는데, 그녀가 이런 내게 해결책을 주었다.

나는 8월 어느 더운 날, 메이를 만났다. 나는 캄보디아의 여성 활동가 소말리 맘*과 함께 아주 어린 소녀들을 위한 센터가 있는 캄보디아의 산속 집을 찾아갔다. 그곳에 도착해서 내가 본 장면은 그대로 내 눈 속에 박혀버렸다. 소녀들은 모두 똑같이 하와이식 꽃무늬 셔츠와 바지를 입고 있었다. 소말리는 그들에게 다가가 방 중앙에 앉았다. 소녀들은 자신들의 '엄마'가 도착하자, 뛰어와서 그녀를 안았다. 어떤 소녀들의 표정 속에는 깊은 슬픔이 보였는데, 고통스럽고 잔인한 과거에 그들의 눈은 길을 잃은 것처럼 보였다. 대여섯 살 정도 되는 가장 어린 소녀들이 그녀 주위를 날아다니며 춤을 췄다. 구석에 앉아 있던 다른 아이들은 미동도 하지 않았다. 소말리는 따뜻한 목소리로 그녀의 언어인 캄보디아어로 이야기를 들려주기 시작했다. 조금씩 뒤에 떨어져 있던 소녀들이 그녀 곁으로 다가왔다. 그리고 안색이 바뀌면서 차갑고 긴장된 표정이 풀렸다.

---

* 소말리 맘(Somaly Mam). 제5장에서 어떻게 그녀를 알게 되었는지 설명할 것이다.

내가 그 모습을 바라보고 있는데 장난기 가득하게 웃고 있던 한 소녀가 내게 다가왔다. 나는 매우 기초적인 캄보디아어로 나를 소개했고, 간단한 대화를 시작했다. 그녀의 이름은 메이고 13살이며, 그곳에서 지낸 지 몇 달 되지 않았다. 그녀는 내 기초적인 언어 실력을 보고 매우 즐거워하며 영어로 몇 마디를 했다. 내 캄보디아어보다 그녀 영어로 의사소통하는 편이 더 쉬워 보였다. 짧은 대화 후 나는 그녀에게 행복하냐고 물었다. 그러자 그녀는 내게 분명하게 대답했다.

"네, 지금은 행복해요. 저는 기자가 되어서 어린이들을 위한 이야기를 쓰고 싶은데, 이것을 어머니들에게 읽히고 싶어요. 부모가 자녀를 어떻게 사랑하고 돌봐야 하는지, 그리고 자식을 매춘업소에 팔아넘기지 말아야 한다는 내용을 담을 거예요."

메이는 눈을 깜빡이지 않고 당당하게 매춘이란 말을 내뱉었다. 내 등에서 식은땀이 흘러내렸다. 몇 초간 침묵한 후, 나는 기운을 되찾고 물었다.

"부모님이 너를 팔았니?"

"네, 우리 할머니가요. 절대 이해하지 못하실 거예요."

침묵이 흘렀고… 그녀는 고개를 들더니 말을 이어갔다.

"저는 부모님이 안 계세요. 제 기억은 함께 살았던 할머니로 시작해요. 저는 1년 전에 어떤 나이 많은 외국인 사업가의 집으로 팔려갔어요. 그 집에 가보니 많은 소녀가 있었는데, 몇 명은 요리했고, 몇 명은 청소를 했어요. 어느 날 그는 저를 방으로 불러서

옷을 벗기더니 생전 처음 당하는 끔찍한 짓을 저질렀어요. 저는 비명을 질렀지만, 그 누구도 들을 수가 없었어요…."

나는 그녀를 안아주기 전에 먼저 위로하려고 애썼지만, 그녀는 어떤 고통의 티도 내지 않았고 멀찍이 떨어져 그 일을 하나씩 기억하는 듯했다. 그리고 말을 이어갔다.

"다른 날에도 그런 일이 반복되었어요. 저는 더는 참을 수 없다는 것을 깨달았어요. 그래서 도망치기로 했고, 어느 날 밤 울타리를 뛰어넘어 달아났어요. 그런데 어디로 가야 할지 모르겠더라고요. 돌아갈 곳도 없었죠. 그러다가 오래전에 집에 먹을 게 없었을 때 쌀을 주신 이웃집 인도 아저씨가 떠올랐어요. 그는 좋은 분이셨거든요. 저는 그가 사는 집으로 갔어요. 그분은 선교사였어요. 저는 그때까지는 한 번도 기독교인에 대해 들어본 적이 없었어요. 그는 자신이 믿는 하나님과 그 신이 십자가에서 어떻게 죽었는지 내게 말해줬어요. 저는 종교 교육이란 것을 받아본 적이 없었지만, 그 이야기에는 관심이 생겨서 '그분은 그 힘든 걸 어떻게 극복했죠?'라고 물었어요. 그러자 '그분은 그들을 용서하셨어.'라고 대답했어요. 저는 그날 아침에 근처에 있는 작은 예배당에 나가기 시작했고, 나무 십자가 위에 있는 그 남자에게 내 고통과 분노를 없애도록 용서할 수 있게 도와달라고 간청했어요. 그날도 그곳 바닥에 앉아 있었는데, 더는 제 안에 증오나 분노가 생기지 않는다는 사실을 깨달았어요. 저는 그 외국인을 용서했어요. 그리고 그날 이후로 제 삶이 바뀌었어요."

나는 그 큰 고통을 해결할 실마리가 보이는 것 같아 흥분되기 시작했다. 그녀는 말을 계속했다.

"그 선교사는 저를 데려갈 가장 좋은 장소를 알아봤어요. 그리고 저를 이곳에 데리고 왔어요. 며칠 후에 저는 소말리를 알게 되었고, 지금은 행복해요. 저에게는 엄마와 자매들이 생겼어요. 용서를 통해 엄청난 고통을 극복하는 것이 꼭 필요해요. 평안하게 지내기 위해서는 이 방법밖에는 없어요. 저는 자매들과 함께(그녀는 센터에 있는 소녀들을 '자매'라고 불렀다) 이 일을 시도하고 있어요. 저는 자매들을 사랑하고, 그녀들의 말을 들어줘요. 저는 아주 운이 좋아요. 전 정말 행복해요."

나는 메이와 오랫동안 이야기를 나누었다. 나는 그녀의 가장 깊은 상처를 치유한 용서의 힘에 깊은 감명을 받았다. 그 후 몇 주 동안 나는 그녀가 보여준 '용서 방법'을 따르려고 노력했다.

그것은 내게 깊은 인상을 남겼다. 그래서 나는 그것을 연구했고, 용서의 능력에 관한 책들을 찾아서 모두 읽었다. 그리고 나는 '이해하면 고통이 줄어든다.'라는 치료 과정의 기초를 세웠다. 이것은 다른 사람이 당신에게 상처를 주는 이유(그들의 삶의 이야기, 그들의 존재 방식, 그들의 질투, 내부 갈등…)를 이해하거나 깨달을 때, 그 고통이 줄거나 사라진다는 뜻이다.

메이의 경우, 자신을 팔았던 할머니에 대해서 이렇게 말했다.

"우리 할머니는 아무것도 가진 것이 없는 절망적인 상황 앞에서 가장 쉬운 해결책을 찾았던 거예요. 저에 대한 악감정은 없었죠.

나머지 손주들을 먹여 살려야 했으니까요."

물론 나쁜 사람들도 있지만, 당신에게 해를 입힌 대부분 사람에게는 나름대로 이유가 있다. 때로는 그들 자신조차도 그 이유를 모르지만, 그것을 찾아서 물어보면 놀랍게도 당신이 위로를 받게된다.

삶의 고통은 정말 아프고 거세기 때문에 그 아픔을 극복하기 위해서는 싸워야 한다. 증오에 갇히고 받은 공격이나 굴욕을 치유할수 없을 때, 앙심을 품고 분개하며 신경증적인 사람이 될 수 있다. 그런 부정적인 결과를 피하기 위해서는 자신을 위한 '이기적인' 용서라도 하는 게 낫다. 심지어 트라우마를 일으킨 사람이 정당화될 수 없는 경우라고 해도 말이다.

슬픈 사건과 트라우마는 누군가를 넘어뜨리고 파괴하지만, 또 누군가에는 힘을 주고 다시 일어나게 함으로써 더 큰 사랑의 능력을 갖추게 한다.

용서하지 않는 마음속에 들어있는 유해 성분은 원한resentment →re-sentiment, 즉 해로운 방식으로 순환되는 감정과 생각의 반복이다. 모든 종교와 윤리 체계의 기본 축에는 용서가 있다. 특히 불교에서는 그것을 깊이 다룬다. 인간은 용서할 필요가 있다는 부처의 가르침이 있다. 유대교에서도 용서의 개념이 중요한데, 기독교인이 가진 개념과 매우 유사하다. 이 주제를 이야기하기 위해서 먼저 놀랄 만한 이야기를 나누려고 한다.

시몬 비젠탈Simon Wiesenthal은 오스트리아계 유대인 건축가였다. 제2차 세계 대전 중 다섯 곳의 강제 수용소에서 수감 생활을 했고, 1944년 미군에 의해 마우트하우젠 수용소에서 해방되었다. 이후 회복하고 나서 그는 전 세계를 무대로 가장 유명한 나치 사냥꾼으로 활동하기 시작했다. 그 결과 그는 천 명 이상의 나치를 법정에 데려왔다.

그는 자신의 책 〈모든 용서는 아름다운가〉에서 용서의 큰 딜레마에 관한 생각과 개인적인 경험을 이야기했다. 책에 나오는 인상적인 일화는 다음과 같다. 어느 날 강제 수용소에 있던 한 간호사가 그에게 따라오라고 했다. 그렇게 그는 한 죽어가는 나치 친위대원, 칼 자이들Karl Seidl이 있는 방으로 가게 되었다. 스물두 살의 나치 청년은 총을 맞고 치명상을 입은 상태여서 붕대를 칭칭 감고 있었다. 거의 말을 할 수 없었는데, 죽기 전에 유대인을 만나게 해달라고 간호사에게 이상한 부탁을 한 것이었다. 그 후 몇 시간 동안 시몬은 그의 곁에 머물며 삶의 이야기를 들어주었다. 그는 자신이 누구인지, 어린 시절, 그리고 나치 청년들과 어떤 잔혹 행위를 했는지 말하고 싶어 했다. 그러던 그는 시몬의 손을 꼭 잡고 자신이 저지른 가장 잔혹한 행위 중 하나를 고백했다. 현재 우크라이나 지역인 드네프로페트로프스크Dnipropetrovsk의 한 집에서 유대인 가족을 잔인하게 폭행한 후 집에 불을 질러 그들을 죽인 이야기였다. 그는 가장 고통스러운 장면들을 말했는데, 그중 하나가 한 어린아이의 눈빛이었다. 그는 창밖으로 뛰어내리려는 아이를 총으로 쏘았다고 했다. 몇 시간 동안 시몬은 그의 곁에서 단 한마디도 하지 않았다. 그 청년의 마지막 말은 다음과 같았다.

"저는 지금 죄책감을 느낍니다. 인생의 마지막 시간에 당신은 나와 함께 여기 있군요. 나는 당신에 대해서 유대인이라는 거 빼고는 아무것도 모릅니다. 제가 말한 내용이 끔찍하다는 것을 압니다. 저는 계속 유대인과 관련된 이야기를 하고 용서를 구하고 싶었습니다. 제가 너무 과한 것을 바라고 있다는 걸 알지만, 당신의 대답 없이는 평화롭게 죽을 수가 없습니다."

시몬은 그 상황을 참을 수가 없어서 결국 밖으로 나왔다. 그는 책에서 이 질문을 파고든다. "내가 그를 용서해야 했을까?… 뉘우치며 죽어가는 그 나치의 침대 곁에서 내 침묵은 옳은가? 이것은 양심에 도전하는 심오한 도덕적 질문이다 […]. 문제의 핵심은 용서의 문제이다. 잊는 것은 시간만이 할 수 있는 일이지만, 용서는 의지의 행위이며 고통 받은 사람만이 결정을 내릴 자격이 있다."

시몬은 죄책감과 용서의 능력 및 뉘우침에 대한 커다란 도덕적 딜레마에 빠진다. 책의 내용 중 '용서의 한계'에서 그는 53명의 사상가와 지식인, 정치인, 종교 지도자(유대인, 기독교인, 불교도, 보스니아와 캄보디아, 티베트, 중국의 대량 학살 증인)를 대상으로 그가 그런 상황에서 어떻게 해야 했나에 대해서 질문하며 인터뷰했다. 그들 중 28명은 용서할 수 없다고 응답했고, 16명은 가능하다고 응답했고 9명은 자기 입장을 명확하게 보이지 않았다. 용서한다고 한 사람 중 대다수는 기독교인과 불교도였다. 달라이 라마는 용서를 지지했지만, 그런 잔혹 행위가 다시는 일어나지 않도록 그것을 잊지 말아야 한다고 강조했다.

궁극적으로 이것은 양심의 문제이기 때문에 결론은 내리지 못했지만, 이 책은 개인뿐만 아니라 종교라는 다양한 관점에서 용서와 화해에 관해 이야기하고 있다.

용서는 상대방이 한 일이 받아들일 만하다거나 이해할 수 있음을 인정한다는 뜻이 아니다. 때때로 그 범죄가 너무 극악무도하고 비인간적이어서 가해자의 행동을 이해하거나 스스로 회복할 방법이 없을 때도 있다. 그 모든 것에도 불구하고, 그런 때에도 용서가 필요한 이유는 그것으로 인한 고통이 당신의 마음에 닻을 내리도록 내버려둘 가치가 없기 때문이다. 그 상처와 독, 원한 때문에 그것을 놓아주지 못한다면, 계속 고통스러운 사람이 될 수밖에 없다. 용서는 고통을 완화하고, 분노하지 않게 해주기 때문에, 결국 피해자에게 미래의 문을 열어주는 셈이다. 용서하지 않으면 그 문이 닫혀 있을 수밖에 없다. 단, 용서할 수 있는 능력은 피해자의 손에 달렸지, 가해자의 뉘우침에 달린 것이 아니다. 용서는 사건이 끔찍하고, 가해자가 뉘우치지 않는다고 해도 모든 짐을 내려놓고 앞으로 나아가게 도와준다. 내 임상 경험에 따르면 용서는 항상 효과가 있다. 용서는 고통에서 벗어날 수 있는 디딤돌이자 확실한 다리이다. 그러나, 때로는 불가능할 수도 있다.

<u>용서는 과거로 갔다가 안전하게 돌아오는 다리이다.</u>

만일 우리가 용서하지 않고 마음을 깨끗하게 하지 않으면, 우리 안에 원한과 증오, 복수가 닻을 내릴 수밖에 없다. 복수전을 하게 되면 그 사람에게 공격으로 갚아주고, 상대도 고통을 당하고 부정적인 일을 겪길 바란다. 그런 원한에 사로잡히면 상처를 입고 찔리기 때문에 절대 그것을 잊고 극복할 수가 없다. 절대로 평화와 균형을 되찾을 수 없다.

그렇다면 어떻게 용서할까?

- 일어난 일을 받아들이고, 현실을 부정하지 말라.
- 나름의 관점을 갖고 무슨 일이 일어났는지 이해하도록 노력하자. 때때로 우리는 전혀 끼어들 수 없는 동떨어진 사건의 주인공이 되기도 한다. 삶에는 우리가 통제할 수 없는 불의와 복잡함이 가득하기 때문이다.
- 예를 들어 '안구운동 민감소실 및 재처리eye movement desensitization and reprocessing'와 같은 기술을 사용해 머릿속에서 그 장면과 거리를 두라. '안구운동 민감소실 및 재처리EMDR'는 1987년, 프란신 샤피로Francine Shapiro 박사가 발견했다. 이것은 정신 치료적 접근 방식으로 외상 후 스트레스 장애를 치료하는 데 사용되고, 다양한 심리적 접근의 요소를 통합한다.

이것은 양측성 자극—일정 속도로 좌우뇌 반구에 번갈아 보내는 자극—역주을 사용하는 것으로 눈의 움직임, 소리 또는 두들김을 통해 대뇌 반구를 자극한다. 이 기술에 관한 여러 과학적 검증 연구가 있는데, 심각한 트라우마 또는 어떤 이유든 차단할 수밖에 없는 힘든 사건을 경험한 환자에게 유용하다. 나는 이 방법을 사용해 캄보디아에서도 아주 만족스러운 결과를 얻었다.

- 자존감의 수준을 높이라. 용서와 분노, 복수의 갈망 또는 자기 연민을 극복하는 능력은 내면의 힘을 가진 사람들의 특징이다. 만일 심각한 행위로 고통 받은 사람이 그것을 극복하고 가해자를 용서할 수 있다면, 그 사람은 건강한 자존심을 가진 사람의 전형적인 특징을 증명한 셈이다.

- 낙관적인 사람이 돼라. 때로 시간이 걸리겠지만, 고통 속에서도 성장할 수 있고, 그것을 극복할 수 있다는 희망이 있다는 걸 알기만 해도 상처를 치료하는 데 큰 도움이 될 수 있다.

- 죄책감 때문에 자신을 부정하지 말라. 스스로 피해자가 되지 않도록 조심하라! 불행한 일을 당했을 때 자신을 가두고 앞으로 나아가지 않으려고 하는 사람들이 있다. 자기 정당화를 위해 계속 과거의 사건을 향해 가면 결국 자신이 마비되고 삶의 궤적은 멈추게 된다.

- 미래를 바라보라.

- 우리는 우리가 용서를 받아야 했을 때, 용서하는 법을 배운다. 살면서 다른 사람의 용서를 받았던 때를 찾아보는 건

매우 건강한 훈련이다.

- 상대방을 연민의 마음으로 바라보라. 교황 요한 바오로 2세는 '용서 없이는 공의가 없고, 자비 없이는 용서가 없다.'라고 말했다. 부정적인 감정을 연민과 자비와 같은 강력한 감정으로 바꾸라.

미래를 걱정하는 삶
― 두려움과 불안

존의 사례

존은 35세 남성으로 2001년 9월 11일 당시 뉴욕의 쌍둥이 빌딩에서 일하고 있었다. 그는 쌍둥이 중 '두 번째 빌딩'에 있었다. 사건 당시 그는 번개처럼 빠른 속도로 계단을 내려와 건물을 빠져나왔고, 잔해 속에서 몇 시간 동안 서 있었다. 끔찍한 테러에서 살아남았다는 사실을 깨달은 그는 다른 생존자들을 찾기 위해 폐허 속에서 수색 작업을 했다. 그는 필사적으로 주변의 시체들 속에서 생존자들을 찾으며 절규하는 동안 죽음을 바로 코앞에서 느꼈다.

그의 동료 중 여럿이 그날 사망했다. 몇 달이 지났는데도 그는 어둠 속을 견딜 수가 없었다. 악몽 때문에 식은땀을 흘리고 비명을 지르며 깨어나기 일쑤였다. 그리고 몇 년간은 비행기도 탈 수가 없었다. 그의 생각은 쉽게 막혔고, 그의 몸은 그날의 작은 소리와

모습 또는 기억으로 늘 긴장 상태였다. 그는 괴로움과 트라우마,
극심한 두려움을 극복하기 위해 수년간 치료를 받아야 했다.

아주 처음부터 시작해보자. 두려움은 태어난 순간부터 우리
와 쭉 함께해 왔다. 늘 존재하는 엄연한 현실이다. 만일 두려움이
없다면 우리는 어리석고 무모한 생명체가 될 것이다. 그 감정을
관리하는 방법이 우리가 사람으로 발전하는 과정에서 중요하다.
원칙적으로 두려움은 기본적인 방어기제이지만, 거꾸로 거대한
우리의 적이 되거나, 삶에 대한 인식을 교란할 수 있다. 고대 로마
의 역사가인 티투스 리비우스Titus Livius는 이 문제를 다루면서 '두
려움은 항상 있는 사실보다 더 나쁜 상황을 볼 준비가 되어 있다.'
라고 말했다.

두려워하는 사람은 자신의 환경을 적대적인 것으로 인식해서,
상황을 안 좋게 만들고 모든 것에 취약하게 만든다. 큰 도전에는
불확실한 요소가 따르기 마련이고, 어느 정도의 두려움 없이는 큰
일을 시작할 수 없다는 사실을 절대 잊지 말아야 한다.

> 중요한 것은 두려움을 제거하는 게 아니라,
> 그것의 존재를 인식하고 올바른 관리법을 배우는 것이다.

두려움은 내면의 균형과 생존을 위한 핵심이자 기본적인 감정

이다. 어느 정도 두려움이 있어야 모든 모험과 여행을 무작정 덤비지 않게 된다. 모든 인간은 삶에 대한 두려움을 갖고 있다. 용감하고 성공한 사람에게도 두려움은 있다. 차이점이 있다면, 성공한 사람들은 그것을 관리하는 방법을 알고 있다는 점이다.

불안이 있으면 신체에도 심각한 영향을 미친다. 불안이나 공황 발작을 겪어본 사람이라면 무서운 순간을 경험한다. 비록 자신이 심장 마비로 죽지 않으리라는 것을 알고 있지만, 그 순간만은 그것을 명확하게 구별할 수가 없다. 불안하면 두려움이 나타난다. 때로는 분명한 이유도 없는 그 모호하고 잘 퍼지는 두려움은 괴로움과 정서적 장애를 유발한다.

> 용기란 두려움이 없는 상태가 아니라,
> 두려움에도 불구하고 앞으로 나아가는 능력이다.

감정 관리는 개인의 균형을 위해 필수적이다. 때로는 두려움이 너무 커서 이것이 우리 마음에 '쿠데타'를 일으키고 우리를 통제하며, 행동을 독점한다. 이러한 경우에 고통 받는 사람은 매우 취약한 상태이다. 그리고 외부 자극이 아무리 작더라도, 화학적 생리적으로 신체를 변화시켜 부적절한 반응을 일으킬 수 있다. 그런 불안이 나타나는 이런 생태계에서, 병리학적 두려움은 우리를 막고 정상적인 생활을 하지 못하게 방해한다.

두려움 앞에서 뇌는 어떻게 작동할까? 불안할 때 뇌에서는 정확히 무슨 일이 일어날까? 공포의 중심은 편도체에 있다. 이것은 물리적으로 보면 작은 영역이지만, 삶과 행동에 매우 중요한 역할을 한다. 최근 연구에 따르면, 편도체는 임신 말기 태아 때부터 활성화된다. 이것은 감정적 기억을 저장하는 능력이 뛰어나고 발생하는 감정에 따라 반응한다. 편도체는 감정과 관련된 정보를 처리하고, 뇌와 신체에 무언가 잘못되었음을 경고하여 두려움이나 불안의 반응을 활성화한다. 또한 기억과 학습에 중요한 역할을 하는 해마는 위협적이거나 트라우마적 사건을 기억의 형태로 암호화한다.

내 삶의 실제 사례

내가 의대 공부를 할 때였다. 그 당시 시험 기간이 되면 많은 학생들이 마드리드의 자치 대학교 도서관으로 갔는데, 그곳은 밤에도 문을 닫지 않고 학습 환경이 좋았기 때문이다. 나는 의학 물리학 시험을 앞두고 있었고, 그 시험 다음 날은 6월 13일이었다. 내가 그 날짜를 똑똑히 기억하는 이유는 그날이 나의 수호성인의 날이라서 오후에 축하 모임을 하기로 했기 때문이다.

나는 그날 이해하기 어려운 개념을 잘 설명해줄 두 명의 공학도 친구들과 도서관에서 만났다. 그리고 새벽 4시가 되기 1분 전에 도서관을 나와서 차를 운전하여 마드리드 중심가로 들어오고 있었다.

나는 가로등이 환하게 켜진 2차선 도로를 지나고 있었다. 빠른 속도는 아니었다. 그런데 갑자기 커브 길에서 나를 향해 역주행으로 오는 차가 눈에 들어왔다. 몇 미터 떨어지지 않은 곳에서 강렬하게 비추던 그 자동차 헤드라이트가 내 눈 속에 그대로 새겨졌다. 순간 나는 핸들을 돌려 그 차를 피했다. 심장이 너무 뛰었고 몸도 떨렸다. 간신히 갓길에 차를 세우자마자 갑자기 울음이 터졌다. 그리고 그 순간 뒤에서 끔찍한 소리가 들려왔다. 뒤를 돌아보았지만, 아무것도 볼 수가 없었다.

나는 겁에 질린 채로 집에 돌아와서는 주무시는 부모님을 깨웠다. 나는 울음을 멈출 수가 없었다. 살아있다는 사실에 하나님께 감사드렸지만, 마음이 편하지 않았다. 나는 라디오를 켜고 계속 내 마음을 지배하던 공포가 사라지는지 확인했다. 몇 분 후 "콜메나르 도로에서 자동차 사고가 일어났습니다. 그 차는 다른 두 대와 충돌했고, 4명이 사망했습니다."라는 뉴스를 들었다. 그날 밤은 내게 큰 충격이었다.

나는 한순간도 잠을 이룰 수가 없었다. 다음 날 아침에 본 시험은 정말 끔찍했다. 그리고 오후에는 친구와 가족을 만나러 갔다. 나는 정말 괴로웠다. 몇 주 후, 길에서 브레이크 소리가 들리거나 정상보다 큰 엔진 소리가 들려도 온몸에 통증이 느껴지고, 심장이 급하게 뛰기 시작하며 몸이 떨리고 고통스러웠다. 그리고 그것을 극복하는 데 몇 달이 걸렸다. 괴로웠지만 나는 운전할 때 매주 그때와 똑같은 길을 선택했다. 이 일 때문에 운전을 두려워하거나 특정 길을 피해서 가고 싶지 않았기 때문이다. 지금은 이 사건을 완전히 극복했지만, 이것은 두려움이나 불안으로 인한 차단이나 단절을 이해하는 데 많은 도움이 되었다.

이런 정신적 회로를 보여주는 또 다른 사례를 소개한다.

블랑카의 사례

어느 저녁 블랑카는 지하 주차장에 차를 가지러 갔다. 그녀는 보통은 버스를 타고 다니지만, 그날은 출근하기 전에 해야 할 심부름이 있어서 근처 주차장에 차를 세워두었다. 도착해보니 그곳은 보안이나 통제가 없고 불빛도 흐린 상태였고 아무도 없었다. 그녀는 문제가 많은 힘든 하루를 보내서 매우 지친 상태였다.

요금을 내려고 무인정산기 쪽으로 다가가는 순간 무슨 소리가 들렸다. '인상이 안 좋은' 남자가 그녀 쪽으로 다가오고 있었다. 순간 그녀는 몇 년 전 브라질에서 밤에 강도를 당했던 일이 떠올랐다. 그녀는 심장이 두근거리고 진땀이 나기 시작했다. 분명한 생각도 할 수가 없었다. 그녀는 차 안에 있고 싶었다. 근처에는 아무도 없었고 불안이 호시탐탐 그녀를 노렸다.

블랑카의 머릿속에는 무슨 일이 일어났던 걸까? 편도체는 그녀에게 방어태세를 갖추게 했다. 밤의 주차장은 그녀 기억 영역에서는 위험의 장소이고, 그녀에게 다가오는 사람도 마찬가지이다. 그녀는 브라질에서의 안 좋은 경험을 통해 얻은 자료를 해마에 저장하고 있다. 이 '기억된' 생각에 또 다른 정보인 '다시는 여기에 주차하지 않을 거야.' '다시 밤에 차를 가지러 오지 않을 거야.'

'차를 빼야 한다면, 친구랑 같이 가야겠어.'를 추가한다. 기억과 불안, 신체적 활성화 이 모든 것이 하나로 합쳐졌다. 해마와 편도체는 기억 관리 및 불안 사건에서 중요한 짝을 이룬다.

우리 마음속에 두려움을 불러일으키는 상황 대부분은 직접 또는 다른 사람을 통해 경험하면서 배우고 통합된다. 즉, 뇌는 그것들을 체계적으로 '두려운 일'로 분류하고, 과거에 일어난 일과 유사한 점을 적절히 감지하면 전체 경보 시스템을 활성화한다. 이런 두려운 상황은 과거의 트라우마 사건뿐만 아니라, 극복하지 못했거나 올바르게 처리하지 않은 사건으로 생길 수 있다.

뇌가 모든 현실을 위협으로 인식하는 건 경보 시스템이 과도하게 활성화되었기 때문이다. 지금 우리가 다루고 있는 건 일반적인 불안 장애와 외상후 스트레스 장애이다. 전자는 포괄적인 접근이 필요하지만, 보통은 예후가 좋은 편이다. 후자는 끔찍한 사건이 우리 마음과 생각 속에 각인되어서 단순한 자극에도 불균형적인 신체 반응이 나타나고 트라우마를 겪은 그 날의 기억을 떠올리게 한다.

정서적 부담이 큰 기억들

정서적 부담이 매우 큰 사건이나 기억들이 있다. 그런 일들을 다시 떠올리면, 신경 연결이 활성화되면서 코르티솔과 아드레날린이 증가하고, 몸 전체가 영향(떨림과 빠른 심장 박동, 땀, 과호흡

등)을 받게 된다.

편도체가 영향을 받거나 손상되면
경고와 위험을 감지하는 데 심각한 문제가 생긴다.

'편도체 납치amygdala hijack'는 심리학자 다니엘 골먼이 감성 지능에 관한 저서에서 만든 용어로 갑작스럽고, 과장되게 발생하는 감정 반응을 말한다.

자극을 받으면, 신체 반응이 폭발적으로 과활성화된다. 이것은 정신적 문제가 아닌, 거대한 감정적 짐을 지고 있는 고통스러운 과거 사건을 말한다. 따라서 현재 벌어진 일이 간접적으로 그 사건을 되살리지만, 당사자는 명확하게 판단하거나 추론할 수 없다. 그 결과 이런 식으로 반응하는 사람은 자신의 감정에 압도당할 수밖에 없다.

이런 사람들은 보통 성마르고, 작은 자극에도 다른 사람들에 비해 정면충돌 급의 영향을 받는다. 어떤 사람들은 이것을 '자제력을 잃었다.' '필터가 없다.' '욱한다.' 등으로 표현하기도 한다. 이럴 때 해결 방법이 있을까? 당연히 있다. 감정 관리법을 배우고 이런 갑작스러운 반응의 원인을 이해하기 위해 노력해야 한다.

기예르모의 사례

기예르모와 라우라는 결혼 3년 차 부부이다. 그들은 애틀랜타에서 열린 의학 학회에서 만났다. 그는 실험실에서 일하고, 그녀는 병원에서 일하는 심장 전문의이다. 그녀는 당시 연인 관계였던 같은 병원 의사와 거의 항상 함께 학회에 참석했지만, 그때는 함께 갈 수가 없는 상황이었다.

기예르모는 직업상 이미 라우라와 여러 번 마주쳤다. 그가 보기에 그녀는 매력적이었고, 함께 시간을 보내는 게 좋았다. 그는 그녀에게 의사 애인이 있다는 사실을 이미 알고 있었다. 다른 일로 그와 만난 적도 있었다. 그래서 그는 그녀와 거리를 유지했었다. 하지만 학회 기간에 그는 라우라의 변화를 감지했다. 그녀는 그에게 더 친절하고 친근했으며, 더 많은 시간을 함께 보내려고 노력하고 있었다. 긴장한 기예르모는 어떻게 행동해야 할지 몰랐지만, 어느 밤 저녁 식사 후 술 몇 잔을 마시고 그녀의 방에서 함께 시간을 보내게 되었다.

그는 혼란스러웠다. 라우라가 어떤 기분인지, 그녀의 남자 친구에게 어떤 일이 일어날지 궁금했다…. 머릿속에 수많은 질문이 떠올랐다. 그는 매우 감정적이고 참을성이 없었기에 자신의 감정적 딜레마를 빨리 해결해야만 했다. 그녀는 그에게 이전 애인과 관계가 깨졌고, 돌아가면 헤어질 거라고 말했다. 그리고 정말 그렇게 되었다. 몇 달 후 그와 라우라는 애인 관계를 공식화했지만, 질투심이 강한 그는 이후 그녀 혼자 학회에 가는 걸 견딜 수가 없었다. 누군가가 그녀에게 다가가거나 업무상의 이유로 저녁 식사에 초대하려고 했을 때는 통제하기 힘들 정도로 폭발적이고 평정심을 잃은 반응을 보였다. 그의 변명은 항상 이랬다.
"나에게 일어난 일이니, 다른 사람에게도 일어날 수 있잖아…."
그는 이 문제로 '편도체 납치'를 당했다.

자극 → 즉각적이고 폭발적이며 불균형적인 반응 → 현실 관리 불가능 → 마비, 막힘 또는 공격/감정에 눈이 멂 → 후회 또는 용서.

편도체 납치를 다루는 방법

우리는 그 회로가 어떻게 작동하는지 살펴보았다. 이제 해결 방법을 찾아보자. 우리가 '마음의 전기 기술자'라고 상상해보자. 가장 실용적인 방법은 길거나 어려운 부분을 피하고 더 빠르고 직접적인 방법을 사용하는 것이다. 다음을 살펴보자.

1. 분석하기

어떤 자극이 당신을 촉발하는가? 이런 경우 자기 자신을 아는 것이 매우 중요하다. 두려워하지 말고 조금씩 원인을 찾아보자. 당신이 위협을 느끼는 것이 사람, 얼굴, 상황인가? 출혈 장면, 갈등을 일으키는 주제에 관한 대화, 머릿속을 스치는 생각, 가까운 사람의 행동, 너무나 기대했던 것에 대한 '노'라는 대답 등이 될 수도 있다. 그 발생 지점은 중요하지 않지만, 그것이 무엇인지는 꼭 알아야 한다.

2. 당신의 몸에서 무슨 일이 벌어질까?

편도체 납치에서는 신체 증상이 동반된다는 것을 알 것이다. 감정 폭발 바로 직전에 몸에서 변화가 느껴지는 것처럼 이런 납치 직전에 몸은 어떤지, 그리고 그 과정에서 몸에 나타나는 신체 증상(빠른 심장 박동, 고혈압, 체온 상승 등)에 집중해보자.

3. 주변에 참고할 만한 사람에게 주목하기

그 사람은 이와 비슷한 상황에서 어떻게 반응하는가? 그 사람이 좌절이나 분노 앞에서 보이는 최악의 반응은 무엇인가? 이렇게 힘든 순간에 참고할 롤모델이 있으면 큰 도움이 된다.

4. 반복적으로 감정을 촉발하는 회로 차단하기

이 편도체 납치는 꽤 복잡하다. 때때로 우리 반응 속에는 고도로 훈련되고 깊숙이 설치된 시스템이 있어서 통제권을 행사하지 못할 때가 있다. 하지만 이런 사실을 인식하는 것 자체가 이미 발전했음을 의미한다. 무슨 일이 일어났는지 깨닫고 감정이 폭포처럼 쏟아지기 직전에 잠시 제동을 건다면, 그게 단 몇 초간일지라도 당신은 승리할 것이다. 그동안 심호흡을 하고 마음속에 긍정적인 메시지인 '넌 할 수 있어!' '계속 노력해봐!'를 보내보자. 마음속에 해로운 감정 상태가 풀리기까지는 약 1~2분이 걸린다. 따라서, 아무리 작은 극복이라고 해도 이것은 대성공에 가깝다.

5. 용서 구하기

이렇게 제대로 통제가 되지 않는 순간에는 나쁘게 반응하고 진심이 아닌 말이 입에서 튀어나온다. 그래서 대다수는 시간이 지나면 이런 사건에서 보인 반응과 말을 후회한다. 그럴 때 겸손하게 사과하고 당신이 준 피해를 가능한 한 잘 해결하도록 노력하라. 그리고 자기 자신을 용서하라. 자신이 보였던 반응을 또 다른 실패로 인식하고 죄책감을 느끼는 건 좋지 않다. 그것을 극복해야 한다. 다음에는 잘할 거라고 스스로 다짐하고 그것을 위한 방법들을 찾아보라.

구스타보의 사례

구스타보는 런던 회의를 마치고 스페인으로 돌아오는 비행기에서 가슴이 답답하고 숨이 가쁘며 통제할 수 없는 느낌을 받고 나서 얼마 전 상담실을 찾아왔다. 그는 비행기 안에서 이완 기법을 시도했고 승무원은 피나무꽃차를 건네며 그를 안심시키려고 노력했다.
그는 더는 비행기에 앉아 있을 수가 없었고, 어떤 대가를 치르더라도 그곳에서 나가고 싶은 충동을 느꼈다. 간신히 두 시간의 비행을 견딘 그는 착륙 후 현기증과 불안에 시달리며 응급실로 실려 갔다. 병원에 도착한 그는 자신이 불안 발작을 앓았고, 정신과 의사에게 가서 약을 타 먹어야 한다고 말했다.

그는 자신에게 무슨 일이 일어난 건지 모르겠다고 했다. 스트레스를 받았다는 것은 인정하지만 비행기에서 이런 일이 일어난 건 처음이며, 인생에서 최악의 순간이었다고 했다. 그는 업무상 거의 1년 내내 출장을 다녔다. 출장과 회의가 반복되면서 아내를 거의 볼 수가 없는 상황이었다. 더욱이 그는 시차 때문에 잠도 잘 자지 못했다. 이 모든 것이 그를 매일 더 긴장되게 하고 짜증나게 했다. 그는 비행기에서 일어난 일에 초점을 맞추고 있었고, 다시는 그런 일이 일어나지 않기만을 바랐다. 나는 그가 과도한 스트레스를 받고 있고, 끊임없이 경계하며 살다 보니 생존 시스템에 변화가 생겼으며, 그 결과 일상에서 겪는 까다로운 상황을 극복하기 위해 체내 코르티솔 수치가 높아졌다고 설명했다.

그는 계속 긴장이 되고 기억력도 떨어지기 시작했다고 했다. 때때로 그는 손가락과 손 전체가 무감각하고, 심장 박동이 빨라지며 숨이 가빠지는 걸 느꼈다. 나는 지금 그가 위기 상태이고, 비행기에서 겪은 건 공황 발작이며 뇌가 취약한 상태라고 설명했다. 또한, 계속 그런 식으로 행동하면 또 다른 공격을 겪을 수도 있다고 덧붙였다. 그래서 과도한 활동들을 멈추는 법을 배워야 하는데, 그 첫 번째 단계는 수면 회복력을 회복하는 것이라고 강조했다. 그는 이 폭주하는 활동에서 뇌를 분리할 방법을 찾아야 했다. 왜냐하면, 늘 해로운 회로 속에 갇혀있고, 언제라도 다시 고장이 날 수 있기 때문이다.

또한, 나는 비행 중의 위기를 피하고자 몇 가지 지침을 추가했다. 비행기를 타기 전에 그는 긍정적인 인지적 신호와 호흡법을 사용해 긴장을 풀어야 했다. 또한 이런 공격을 받기 시작하면 거의 즉각적이고 단시간에 효과가 있는 약을 지녀야 했다.

이 약은 먹지 않고 주머니에 넣고만 있어도 공황 발작을 예방할 수 있다. 최후의 수단으로 이 약을 사용하면 발작이 멈춘다고 확신하기 때문에, 견딜 수 있을 때까지 약 복용을 미루게 되고 결국 이런 공격을 약 없이도 통제할 수 있게 된다. 나는 그가 뇌에 쌓인 긴장을 조금씩 풀 수 있도록 다른 약도 처방했다.

심리치료에서는 그의 불안의 근원을 깊이 조사했다. 그는 항상 휴식을 취할 시간 없이 깨어 있었다. 그는 실패를 허용하지 않고 휴식을 취하지 않으며 잘 먹지 않아 뇌가 무너졌는데, 공황 발작 덕분에 그것을 멈추게 되었다. 나는 때때로 공황 발작을 '마음의 열'이라고 부른다. 열이 우리 몸에 문제가 있음을 나타내는 지표인 것처럼 불안이나 공황 발작의 위기는 마음속에 무언가가 잘못되었고 결국은 무너지게 될 것임을 알려준다. 그를 치료하면서, 긴장을 풀고 좀 더 편안한 마음으로 일을 하며, 그만두는 방법을 배우고, 업무 지원이 필요하다는 것을 상사에게 알리고, 책임 일부를 위임하도록 가르쳤다. 이것은 모두 과도한 작업 부하를 줄이는 방법이었다.

조금씩 그의 기분이 나아지기 시작했다. 초반에는 비행에 대한 두려움이 계속되었지만, 그것은 부수적인 일이었기 때문에 굳이

고쳐야 한다고 강요하지는 않았다. 시간이 지남에 따라 그는 약 1시간 또는 1시간 반 동안 짧은 비행을 시작했다. 이를 위해서 그는 긍정적인 인지적 메시지를 준비하고, 응급약을 가지고 있다는 걸 생각하며, 이완 기술과 호흡 조절법을 활용했다. 이러한 기술과 응급약을 가지고 있다는 안정감을 통해 그의 기분이 훨씬 나아졌다. 그래서 이제는 과도한 증상 없이 비행기를 탈 수 있고, 몸도 천천히 평온을 되찾고 있다. 응급약은 일 년에 딱 두 번 정도만 필요하게 되었다.

> 만일 계속 긴장한 채 살면, 현실을 실제보다 더 나쁘게 해석하게 된다. 또, 마음속에서 일어나는 일에 실제 위협이 벌어진 것처럼 반응한다. 그리고 뇌는 그 반응에 혼란스러워한다.

눈을 감고 신체의 감각들에 집중하는 호흡 조절*은 부교감신경계 기능을 자극하는 가장 효과적인 방법이다. 이미 말했듯이 이것은 내적 균형과 항상성을 조절하고, 편안한 상태에서 신체를 유지하는 기관인 침샘과 위, 췌장 또는 방광을 활성화한다. 그리고 응급 상황이나 스트레스 상황에 대비하는 홍채와 심장, 폐와 같은 신체 기관의 활동을 억제한다.

---

* 들숨과 날숨의 여유롭고 조화로운 움직임에 관심을 두고 관찰하는 것이다. 이에 대해서는 제6장에서 자세히 설명할 것이다.

호흡과 현재 지금 여기에 집중할 수 있으면, 과거나 미래로 향하는 생각을 버리게 되고, 호흡할 때마다 긴장이 풀리고, 잃어버렸던 자신감과 평온함을 조금씩 되찾을 수 있다.

여기 두려움과 불안에 맞서는 몇 가지 간단한 비결이 있다.

- 두려움과 불안을 인식하는 법을 배우라. 그것들을 숨기거나 없애지 말라. 모든 억압된 감정은 언젠가는 뒷문을 통해 돌아오기 마련이고, 신체적 심리적 상처와 고통의 원인이 될 수 있다.
- 두려움은 그것을 느끼고 앞으로 한 발 더 나아감으로써 극복된다. 두려움은 변화함으로 극복된다.
- 그 출발점으로 돌아가기를 두려워하지 말고, 불안의 처음과 원인을 밝히러 가라. 하지만 주의할 점이 있다! 도움보다 더 많은 해를 입히는 '극히 어려운 치료법들'은 조심하라.
- 두려움을 이해하려고 노력하면 더 잘 직면하고 극복할 수 있다. 우리가 무언가를 이해하고 직면하는 법을 배우면, 두려움이 줄어든다.
- 두려움은 늘 존재하기 때문에, 낙관주의자가 되는 법을 배우고, 당신을 가로막는 고통스러운 생각의 고리에서 벗어나야 한다. 두려움은 엄청난 거짓말쟁이라는 사실을 잊지 마라. 그것은 항상 현실을 더 나쁜 상태로 위장한다.
- 당신 자신을 믿어라. 자신을 투영하는 방식 속에는 뇌를 최고

로 활성화하는 능력이 들어있다. 자신감을 느끼고, 목표 달성을 기대하며, 창의력과 문제 해결 능력을 키우고, 삶을 더 희망차게 인식해야 한다.

- 집중력을 키우라. 제5장에서 이와 관련된 '상행성 망상 활성계ascending reticular activating system, ARAS'를 자세히 다룰 것이다. 두려움과 불안은 제대로 집중력을 발휘할 수 없을 때 만성화된다.

- 당신 내면의 소리를 교육하라. 이것이 당신에게 힘을 주고 부정적인 영향을 끼치지 않으며, 사기를 꺾지 않도록 말이다! 다시 불안을 조성하고 두려움을 극대화하기 위해 찾아오는 해로운 생각을 버려라.

- 음식을 조심하라. 예를 들면, 저혈당증은 긴장감을 높이고, 두려움을 활성화한다. 그리고 카페인과 알코올을 피하도록 노력하라.

- 휴식하라. 수면이 부족하면 더 두려움이 생긴다. 그러면 현실을 실제 상황보다 더 위협적으로 해석하게 된다.

우리는 우리가 생각하는 대로 된다. 두려움은 피할 수 없지만, 그것이 낳는 고통은 선택이다. 삶을 즐기는 법을 배우고, 미래를 희망차게 바라보며, 균형감과 연민의 마음을 갖고 현재를 살면 두려움이 치유된다.

현재를 살기

행복은 우리에게 일어나는 일 자체가 아니라, 우리에게 일어나는 일을 해석하는 방법에 달려있다. 그것은 우리가 현실을 흡수하는 방식에 달려있고, 그 흡수한 내용에 집중하고 적응하는 능력이 행복력의 핵심이다. 이 책의 시작부터 우리는 고통과 괴로움, 트라우마 같은 깊은 상처를 다루었다. 우리는 현실 세계를 부정하려는 게 아니라, 이런 삶의 수많은 고통에도 불구하고, 가능한 한 많이 즐기는 법을 배우려는 것이다.

당신의 현실은 당신이 그것을 어떻게 이해하기로 결정을 내렸는지에 달려있다. 이 말을 듣고 놀랄 수도 있을 것 같다. 그러면서 마음속에 이 말을 거부하고 저항하는 수많은 생각들이 떠오를지도 모르겠다. '이미 모두 다 해봤어.' '내 삶은 정말 힘들어.' '그건 상황에 따라 달라.' '내 어린 시절은 끔찍했어.' '말은 쉬워도 그렇게 하기가 얼마나 어려운데.'…. 살면서 좋은 것들(아주 사소한 것이어도)을 꽉 붙잡을 수 있는 선택권을 거부하면, 이것은 존재의 가장 결정적인 전투에서 패배했음을 스스로 선포하는 셈이다.

행복은 기쁨과 즐거움, 긍정적인 감정을 다 합친 것이 아니다. 그 이상의 의미가 있다. 행복이란 피할 수 없는 크고 작은 고통과 아픔에도 불구하고 기쁨으로 사는 것이다. 만일 우리가 계속 고통을 거부하거나 차단하면 우리 마음은 그것을 맞서거나 극복할 능력을 잃어버리게 된다. 그렇다고 '유해한 진흙' 속에 들어가서 다가오는 모든 전투를 다 치르라는 건 아니다. 힘들고 안 좋은 시간을 관리하는 법을 배우라는 뜻이다. 많은 사람이 갈등이나 부정적인 감정에 대처하는 방법을 모른 채, 탈출 수단으로서 무의식적이고 반사적으로 그것들을 거부한다. 하지만 이런 접근은 위험이 따른다. 왜냐하면, 계속 부정적인 것들을 피하면 우리 삶의 일부를 잃게 되고, 종종 주변 사람들의 고통과 단절되기 때문이다. 이미 우리는 이전 장에서 타인의 고통과 건강하게 연결하여 그들이 고통을 대처할 수 있도록 돕는 것의 중요성에 관해 이야기했다.

지나친 행복이나 유토피아적인 기쁨과 즐거움을 끝없이 갈망하는 것이 우리가 가장 흔하게 저지르는 실수라는 사실을 잊지 말자. 그렇게 살면 끝없는 불만족으로 좌절할 수밖에 없다. 과연 인간이 가장 바라는 게 행복일까? 그래 보인다. 어쨌든 행복은 음식과 친구와의 만남, 여행처럼 순간적인 기쁨을 줄 수도 있다. 그러나 다른 한편으로는 가족과 배우자, 일, 문화, 친구처럼 좀 더 구조적으로 삶의 중요한 기둥을 이루는 행복도 있다. 쾌락적인 행복은 찰나의 불꽃과 같고, 구조적인 행복은 균형 잡힌 삶의 조화를 뜻한다. 나는 여기에서 도움이 될 만한 실용적인 의견들을 나누고 싶다. 어쩌면 당신은 이미 수많은 책을 읽었거나 삶에서 경험했을 수도 있다. 나는 아버지께스페인의 유명한 정신과 의사이자 교수인 엔리케 로하스—역주 배운 내용을 비롯해 수많은 책의 교훈과 논문, 연구, 특히 무엇보다 최악의 순간과 극복의 순간을 나와 함께한 많은 사람의 마음을 관찰한 내용을 하나로 모았다. 나는 이 내용이 당신의 삶이나, 당신이 주변 사람들을 돕는 데 유용하게 사용되길 바란다.

당신의 삶의 현실은 특정 상황에 대한 대응이나 반응을 결정하는 방법, 다시 말해서 외부 자극 앞에 하는 행동에 따라 달라진다. 나는 여기서 또 다른 중요한 생각을 전달하고 싶다.

모든 감정에는 생각이 선행된다.

생각은 감정 생성에 책임이 있다. 느낌은 그 감정에 대한 신체적 반응이다. 뇌가 없으면 감정도 없다. 뇌 손상과 뇌졸중, 기형 등이 발생하면, 뇌 영역이 손상을 입어 '느껴지지 않게' 된다. 뇌의 해당 영역이 비활성화되거나 손상되면, 사지의 감각을 잃을 수도 있다. 화상을 입어도 느끼지 못할 정도로!

몇 년 전부터 뇌졸중 후 말을 잃은 사람들을 관찰한 결과 이 기능을 담당하는 뇌 영역이 발견되었다. 이것이 뇌 지도화brain mapping의 시작점이다. 오늘날은 뇌가 어떻게 작동하는지 실시간으로 알 수 있는 도구들이 있어서, 우리가 활동하거나 자극을 받을 때 특정 영역이 어떻게 반응하고 변화하는지 실시간으로 관찰할 수 있다. 이런 기술 중 하나가 기능성 자기공명 영상fMRI이다. 이것은 임상 치료와 연구 모두에 사용된다. 이것을 통해 서로 다른 시간에 혈류 분포의 변화를 감지할 수 있어서, 뇌를 열거나 '부검' 같은 센 방법을 사용하지 않고도 훨씬 더 자세하고 통합적으로 뇌와 신경계를 알 수 있다. 이 발전된 신경 영상 기술은 특정 생각과 동기 또는 불안이나 우울 상태에서 뇌가 어떻게 활성화되는지 관찰할 기회를 제공한다.

가장 근본적인 발견 중 하나

모든 생각은 정신적, 생리적 변화를 일으킨다. 나는 이 책 곳곳에서 이 사실을 강조하고 있다. 절대 이 사실을 잊지 말길 바란다. 만일 당신이 고통 받고 있고, 스스로 통제하지 못하며, 자신을 더 잘 알고 싶다면…, 이 과정을 이해하는 게 큰 도움이 될 것이다.

우리는 어렸을 때부터 스스로 자신에게 부여하거나 외부의 영향으로 알게 된 자아 개념을 갖고 있다. 예를 들어, '나는 충동적이야.' '난 항상 그랬어.' '나는 아버지랑 똑같아.' '난 신경질적이야.' '난 사람들이 많이 있는 게 싫어.' '난 비행기가 무서워' 등 수없이 많다. 자기 자신에 대한 이런 선고는 실제로 이러한 환경에서 자유롭게 앞으로 나가지 못하게 막는 정신적인 장벽이 된다. 내가 '선고'라고 표현한 이유는 마치 하늘에서 내린 판결처럼 당신의 앞을 가로막는 영향을 끼치기 때문이다.

우리에게 해로운 감정은 생각 때문에 생긴다. 그런데 우리는 생각을 배우거나 재교육할 수 있다. 행복하고 평화롭고 온전한 사람이 되려면 생각하는 방식을 다듬어야 한다. 그렇게 해보면 그 결과에 깜짝 놀랄 것이다.

생각하는 방식을 바꾸면 현실이 바뀐다!

당신에 관한 생각이나 가장 괴롭고 슬픈 순간에 떠오르는 생각들을 철저하게 조사하라. 해로운 감정이 생기는 이유는 '무언가'가 당신 머릿속을 지나가고, 그 '무언가'가 해로운 방식으로 당신을 침범하기 때문이다.

물론 쉽지는 않다. 내가 '자동화'라고 이름 붙인 게 있는데, 특정 자극이나 생각 앞에서 평생 해 와서 무의식적으로 하게 되는 반응을 뜻한다. 오랫동안 해 와서 '해야 하는 일'이 된 그 행동에서 벗어나는 건 쉽지 않다. 해로운 생각과 정보를 처리하는 방식인 신념 체계를 수정하려면, 한계나 장벽으로 작용하는 생각들이 무엇인지 잘 살펴봐야 한다.

그 신념 체계가 꼭 나쁜 건 아니다. 사실 그것은 매우 긍정적인 부분도 많다. 예를 들어, 태양이 떠오르는 걸 볼 때마다 그것이 몸에 에너지를 전달하기 때문에 더 기쁘고, 그날 더 많은 일을 할 수 있다고 생각한다면, 이런 신념 체계는 도움이 된다. 하지만 반대로 먹구름이 보이거나 비가 오기 시작할 때 '오늘은 끔찍한 날이 될 거야.'라는 메시지가 전달되면 그런 신념 체계는 우리 삶을 제한한다. 이것은 외부 사건이나 마음속 생각과 감각들로 생겨날 수 있다. 만일 당신이 친구와 저녁 식사를 하러 왔는데 뭔가 맞지 않거나 불편함을 느낀다면, 음식이나 사람, 식탁에 있는 사람들의 분포, 냄새 등의 요소 중에 당신도 모르게 과거의 부정적인 경험을 상기시키는 무언가가 있는 것이다.

우리는 생각을 교육하고 감정을 조절할 수 있다. 예를 들어, 자전거를 타러 가보자. 보통 처음 자전거를 탈 때는 넘어지지 않도록 보조 바퀴를 사용한다. 그러다가 두려움이 사라지면 과감하게 속도를 높이고 언덕을 내려가며 핸들에서 한 손을 놓을 수도 있다. 자, 당신이 보조 바퀴를 빼고 균형을 잡기 위해 고군분투한다고 하자. 도저히 할 수 없고, 넘어질 거란 생각이 든다. 그런데 갑자기 예상과 달리 균형이 잘 잡힌다. 그리고 몇 달 또는 몇 년 후에 다시 자전거에 오른다. 이때는 보조 바퀴를 달지 않을 것이다. 왜냐하면 당신의 머리(안정감의 기억)는 이미 균형 잡는 법을 '알고 있기' 때문이다.

생각을 교육할 때도 비슷한 일이 벌어진다. 논리적으로는 그렇게 간단한 과정은 아니지만, 생각을 훈련하는 것은 우리가 현실을 인식하는 방식에 엄청난 영향을 미친다. 자전거를 타거나 차를 운전하거나 스키를 타러 갈 때마다 넘어져 사고를 당했을 때를 떠올리면, 정신적인 피로 때문에 이런 활동을 피하게 된다. 그렇게 특정 생각이 뭔가를 피하기 위한 핑계가 될 때, 그것은 삶에서 확실한 제약 요소가 된다. 당신의 생각은 특정 도전이나 위협 앞에서 걸림돌이 되는 자동화를 평생 만들어왔다. 이것이 바로 내가 결정에 대해서 말하는 이유이다! 스스로 삶의 주도권을 행사하고, 주변의 해로운 사람이나 사회적, 경제적 상황을 탓하지 말자.

피해자 역할에서 벗어나서, 삶의 주인이 돼라.

현재 이 순간에 행동하고 느끼는 방식을 이해하는 데 도움이 되는 도식을 소개한다.

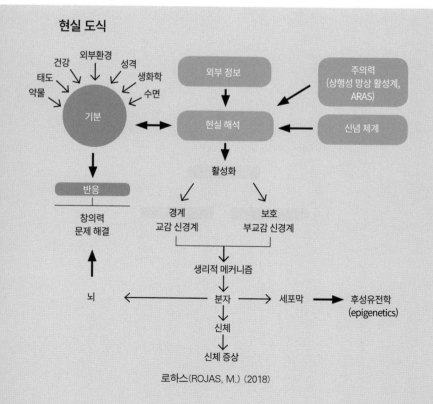

로하스(ROJAS, M.) (2018)

우리는 외부 신호를 받은 후 세 가지 요인에 따라 현실을 해석하고 반응한다.

- 우리의 신념 체계
- 우리의 기분
- 우리의 주의력과 현실 인식

해석한 후에 신체는 두 가지 중 하나로 반응한다: 경계냐 보호냐. 각각 교감신경계와 부교감신경계를 호출하여 정신과 생리에 영향을 미치는 것이다.

이제 하나하나 자세히 분석해보자. 신념 체계부터 시작해보자.

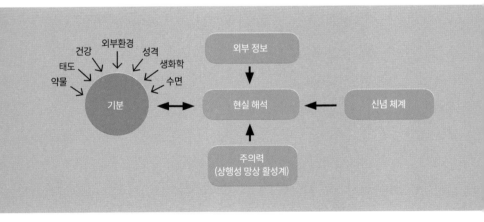

신념 체계

신념 체계는 어떻게 만들어질까? 신념 체계는 삶과 당신을 둘러싼 세상을 바라보는 방식에 대한 선입견을 바탕으로 한다. 또한, 자기 자신에 대해서 믿는 부분을 바탕으로 하기도 한다. 예를 들면, '나는 이런 사람이야.' '나는 늘 기분 나쁜 상태로 잠에서 깼어.' '나는 사람들과 있는 게 좀 어려워.' '나는 하늘을 나는 게 겁이나.' '난 원래 운동을 못해.'와 같은 생각이다.

이런 신념들은 삶의 다양한 측면에 대한 의견이다. 그것들은 우리가 세상을 해석하는 방식과 밀접한 관련이 있다. 그리고 그것은 의식적일 수도 있고, 무의식적(평생 그렇게 해서)일 수도 있다.

그 신념 체계에는 가치가 들어있는데, 그것은 우리가 느끼고 행동하고 반응하는 방식에 물들어 있다. 신념은 평생에 걸쳐서 만들어지고, 이것은 각자가 삶에 대해 가진 개인화되고 구체적인 비전을 해석한다. 때때로 청소년들은 '더 어른으로' 느끼기 때문에, 어린 나이에 담배를 피우고 술을 마신다. 음주의 시작에 영향을 미치는 다른 요인이 있긴 하지만, 가장 일반적인 원인은 불안정성이다. 그래서 그들은 술을 마시면 사회적으로 좀 더 받아들여진다고 느낀다. 그들은 그것이 건강에 해롭고 치명적인 영향을 미친다는 것을 알지만, 술이나 담배에 관한 무의식적인 신념은 그런 이성적인 위험보다 앞선다.

이것에 관해 생각하는 것이 왜 그렇게 중요할까?

신념 체계는 우리 삶을 한쪽으로 기울게 하는 등 아주 강력한 영향력을 행사한다. 그것은 무슨 행동을 하든 자동적인 근거들을 제공한다. 이것은 절대 의심하지 않는 마음속 깊이 뿌리박힌 판단인데, 우리가 보통 그것을 바탕으로 현실을 해석하고 반응을 보이기 때문이다. 이런 신념들은 보편적이다. 즉, 우리는 보통 세상에 대해, 자신과 타인에 대해, 개념과 이데올로기에 대해 신념을 가지고 있다.

일이 우리가 기대하는 대로 되지 않거나, 늘 주변의 일들로 고통을 받고 있다면, 또 자신이 근본적으로 부적응자라고 느껴진다면, 가장 먼저 우리의 신념 체계, 세상을 바라보는 눈이 어떤지 잘 분석해야 한다. 그러고 나면 우리 내면의 성장을 방해하는 신념 체계에 놀랄 수도 있다. 당신을 제한하는 것이 무엇인지에 관해 의문을 품는 것을 두려워하지 말라. 그래야 현실 인식 능력이 향상되고, '당신의 최고 버전'*을 발휘하는 데 집중할 수 있기 때문이다.

이런 신념 중 일부는 불안과 두려움에 휩싸일 때 생각을 차단하기 때문에 목표를 달성하거나 건전한 방식으로 도전하는 능력을 심각하게 방해한다.

계속 이어서 살펴보자.

---

* 제9장에서 '당신의 최고 버전'을 끌어내는 방법을 설명할 것이다.

기분

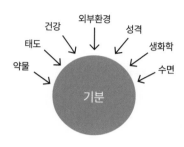

내가 이 책에서 내내 강조한 것처럼 행복은 현실 그 자체가 아니라, 그 현실을 해석하는 방법에 달려있다. 여기에서 기분은 상당한 힘을 갖고 있다. 예를 들어, 당신이 속한 팀이 챔피언스 리그에서 우승해서 행복하다. 이런 상태에서 다음날 사이가 별로 좋지 못한 선배를 만났다면, 그 사람을 덜 비판적으로 보게 되고 친근하고 재미있는 대화도 나눌 수 있다. 반대로 당신의 팀이 졌는데 우승팀의 팬인 형이 패배에 대해 말하려고 전화를 걸었다면, 당연히 받지 않고 전원을 끈 채 저녁도 안 먹고 잠자리에 들 수 있다.

과연 기분을 좌우하는 것은 무엇일까? 기분을 바꾸고 조절하는 다양한 요인이 있다. 우선 가장 기본적인 사항만 살펴보도록 하자.

1. 약물 복용과 알코올 섭취

이런 물질들은 정신 건강에 심각한 영향을 끼친다. 그중 하나가 감각과 자극 인식의 심각한 혼란이다. 우리 주변에는 술을 마신

후에 더 민감하고 취약해지는 사람들이 있는데, 그들을 대할 땐 더 주의해야 한다. 이런 물질을 자주 사용하거나 중독되면 기분 변화가 심해지고 현실에 대한 해석도 매우 혼란스럽다.

2. 생화학적 또는 유전학적 원인

유전적인 요인 때문에 우울감이나 무기력이 나타나고, 다양한 양극성 장애와 재발성 우울증, 만성적인 불안 상태와 같은 심각한 질병으로 고통 받을 가능성이 더 큰 사람들이 있다. 또한, 호르몬 상태도 영향을 주기 때문에 월경 전 장애, 산후우울 등 여성이 여기에 좀 더 취약할 수 있다. 우울증을 앓는 가족들과 함께 산 사람들의 마음 상태가 더 약하고 환경에 민감할 수 있다.

3. 신체 건강 및 외부 상황

어려운 업무 순간이나 심각한 육체적 질병은 현실을 인식하는 방식에 영향을 준다. 왜냐하면 더 민감하고 취약한 상태이기 때문이다. 살면서 질병과 힘든 시기 또는 극한 상황을 만날 때 우리가 완전히 '객관적'일 수 없다는 사실을 알면, 현실과 주변 사람들에게 너무 가혹하게 대하지 않게 된다.

4. 성격 유형

여기에서는 심각한 성격 장애(경계성, 회피성, 분열증 등)부터 기분에 깊은 영향을 미치는 뚜렷한 성격적 특성까지 설명할 것이다. 예를 들어, 충동성, 정서적 불안정성, 버림받음에 대한 극심한 두려움, 자해, 분노조절장애 등 경계성 인격 장애가 있는 젊은 이들은 심각한 감정 기복을 겪고, 현실을 극단적으로 해석하며, 주변 환경을 계속 위협적으로 인식한다. 즉, 합리적으로 행동하는 것과는 거리가 멀고, 종종 공격적이고 분노로 가득한 반응을 보인다. 그들이 내면의 균형과 평정심을 유지하기 위해서는 약물 요법부터 개인 및 그룹 심리 요법까지 성격을 다루는 중요한 작업이 필요하다. 고통 받기 쉬운 또 다른 유형의 성격은 소위 '매우 민감한 사람Highly Sensitive Person, HSP'이다. 오늘날 DSM-5(정신질환 진단 및 통계 매뉴얼)에는 없지만, 분명히 존재하며 이것은 이들에게 큰 영향을 미친다.

에르네스토의 사례

에르네스토는 불안 때문에 상담실을 찾아왔다. 그의 문제는 대학 시절 시험과 함께 시작되었지만, 이제는 장소와 상황을 불문하고 고통을 당하고 있었다. 그는 스스로 자신이 '우울한' 사람임을 인정하며 자신의 상황을 자세히 설명했다.

"분명한 이유도 없이, 잘 있던 곳에서 나와야 해요. 너무 불안해서 즐길 수가 없거든요."

그는 아내와 함께 가족 사업인 남성의류 매장을 운영했다. 그리고 그들 사이에는 두 명의 어린 자녀가 있다. 그는 자신을 쉽게 슬퍼하는 사람이라고 설명했다. 스스로 감정 기복이 심하다는 건 인정하지만, 그 원인은 알 수가 없었다.

첫 번째 상담 후에 나는 그에게 최악의 순간을 적어보고 매일 기분을 저해하는 원인을 분석해보라고 했다. 다시 상담에 온 그는 이렇게 말했다.

"선생님은 저를 아주 이상한 사람으로 생각하실 거예요."

나는 미소를 지었다. 이 말은 상담 시 환자가 망상이나 이상한 생각을 말하는 게 부끄러울 때 자주 하는 말이기 때문이다. 그는 수년이 지난 지금에서야 방문하는 장소의 장식과 사람들의 옷차림이 자신의 기분에 큰 영향을 준다는 걸 깨달았다고 했다. 어느 날 장모님 집 벽의 페인트칠이 벗겨진 걸 보는 순간 '참을 수가 없고, 당장 나가야 한다.'라고 느꼈다며 그 상황을 자세하게 설명했다. 그는 어수선하거나 잘 꾸며지지 않은 장소에 가면 '뭔가 부정적이고 단절된 느낌'이 든다고 했다. 그는 옷차림과 소리, 냄새도 마찬가지라고 덧붙였다.

"저는 사람들이 각자 세심하게 관리하고 예의를 갖추어야 한다고 봐요. 그렇지 않다면 그런 장소에 있고 싶지 않아요. 즐겁지 않거든요."

그리고 그는 아내와 저녁 식사를 하러 갈 때 그녀의 신발이나 옷이 마음에 들지 않으면 불편하다며, "그럴 때 전 그녀를 다정하게 대할 수 없고, 퉁명스러워져요. 가능한 한 빨리 집에 가고 싶어지죠."라고 덧붙였다.

그는 날카로운 소음이나 고주파 자극에 쉽게 깜짝 놀란다고 했다. 나는 그의 안에서 아주 매우 예민한 사람을 발견했다. 그는 '매우 민감한 사람'이었다.

매우 민감한 사람(HSP)

당신이 보통 수준 이상으로 다른 사람 신경을 쓴다는 사실을 알고 있는가? 당신은 계속 평온함과 고요함을 찾고 있는가? 소란스러운 곳에 가면 화가 나는가? 주변 사람들보다 현실을 훨씬 더 직감적으로 인식하는가?

이것은 민감한 신경계를 가지고 있어서 환경의 변화와 세부 사항을 더 크게 인식하는 매우 민감한 사람의 특징 중 일부이다. 과잉 자극은 그들에게 큰 방해물이 된다. 지금까지 이런 유형의 사람들은 늘 존재했을 것이다. 다만 최근에서야 그것이 연구되고 밝혀졌을 뿐이다. 지금 우리는 역사상 가장 많은 과잉 자극을 받고 살고 있기에, 이런 사례가 더 빈번하게 발생할 수밖에 없다. 따라서 어떤 사람들의 감각은 더 포화상태가 되기 쉽다.

특히 이런 유형의 사람들은 직관적이지만, 감정을 제대로 제어하지 못하거나 문제에 대한 인식이 부족하므로 쉽게 압도당하고 감정이 막혀버릴 수 있다. 이런 사람들의 특징 몇 가지를 살펴보도록 하자.

- 뭐든 더 강하게 느낀다.
- 매우 직관적이어서 현실을 꼼꼼하게 파악한다. 또한 관찰력이 매우 뛰어나다. 방의 세부 사항과 옷, 예술, 날씨 또는 다른 사람의 기분을 잘 알아챈다.
- 과도한 자극 때문에 더 쉽게 지치고 피곤해한다.

- 공감 능력이 크고, 다른 사람들의 입장에 서서 다른 사람들을 많이 돌볼 수 있다. 그리고 쉽게 감동한다.
- 소심하고 수줍어하는 경우가 많다.
- 상황에 맞서거나 도전하기 전에 더 많이 따져보고 조심하는 경향이 있다. 또한 결정을 내리거나 프로젝트를 시작하기 전에 많은 안전장치가 필요하다. 그래서 시작 전에 많은 자료를 수집하고 꼼꼼한 분석 후에만 결정한다.
- 매우 섬세하고 심도 있게 정보를 처리한다. 많은 경우에 세부 사항을 매우 중요시하기 때문에 완벽주의자가 된다.
- 예의범절을 아주 중요하게 여기고 특히 행동에 신경을 많이 쓴다.
- 비판에 더 민감하다. 그리고 부정적인 말을 받아들이는 게 어렵다.
- 뉘앙스, 소음, 냄새, 온도 등에 크게 영향을 받는다.
- 남녀 모두 존재하지만, 여성이 좀 더 많아 보인다. 하지만 최근 몇 년 동안 남성의 비율이 증가하고 있는데, 그들은 이런 감각을 어떻게 다루어야 하는지 잘 모른다.
- 어떤 사람들은 더 자주 불안이나 우울증을 겪는데, 내면과 외부 세계 모두 남들보다 더 취약하기 때문이다.

이런 사람들은 환경이나 상황에 적응하는 법을 배워야 하고, 그들을 불편하게 하는 장소나 사람이나 환경의 유형을 잘 파악하고 있어야 한다. 아동의 경우는 과잉보호하지 말고 특정 상황에 대한 과잉 반응을 이해하고 다루는 방법을 가르쳐야 한다.

5. 수면

이 내용은 특별히 중요하다. 우리는 삶의 3분의 1을 자면서 보내기 때문이다. 따라서 수면은 우리가 신경 써야 할 중요한 영역이다.

이제 밤 꿈의 세계로 들어가 보자. 우리는 한숨도 자지 못하고 밤을 꼬박 새우거나, 잠이 들긴 하지만 중간에 여러 번 깨는 것이 어떤 건지 잘 알고 있다. 두 경우 모두 아침에 일어나면 피곤할 수밖에 없다. 잘 쉬지 못하면 머리가 제대로 돌아가지 않는다. 그리고 기억력과 학습 문제, 주의력 및 집중력 저하, 인지 능력 오류가 발생한다. 제대로 쉬지 못하면 예민해지고 쉽게 짜증이 나기 때문에 외부 자극에도 제대로 반응할 수가 없다. 또한 수면 부족은 면역 체계에도 영향을 끼친다. 휴식과 회복 및 림프구 생성을 담당하는 부교감 신경계가 심하게 약해지고 교란되기 때문이다.

악몽과 여러 번 깨어남, 선잠 또는 휴식 부족은 정신과 의사를 방문하는 주요 이유 중 하나이다. 일부 단계에서는 약물이 필요하지만, 그것의 만성적 사용은 뇌에 해로운 영향을 준다. 우리는 수면제를 남용한 결과에 관한 첫 번째 종단 연구를 진행했다. 벤조디아제핀계열에 속하는 약물들(알프라졸람, 로라제팜, 디아제팜 및 그 유도체)은 보통 체내로 들어가 수면을 유도한다. 작용 방법이 각각 다르지만, 이것들은 시간이 지속되면 내성과 의존성이 생긴다. 그래서 대부분은 약을 끊으면 문제가 생긴다.

수면은 해마를 포함한 뇌의 일부 영역을 재생하는 데 기본이고 필수적이다. 참고로, 해마는 기억력과 학습에 중요하며 다양한 수준에서 두려움도 조절한다. 밤에는 기억이 재구성되고 낮에 배운 것들이 되살아난다. 따라서 수면이 부족한 학생들은 시험 성적이 더 안 좋을 수밖에 없다. 카페인을 많이 섭취하면서 밤을 새워서 공부하는 사람들은 주의하길 바란다. 아마도 다음날 시험은 통과하겠지만, 그럴 때 뇌는 밤에 공부한 것을 잘 저장하지 못한다. 그저 다음 날 시험에 통과하기 위해 단기 기억만 끌어당겨 쓸 뿐이다.

수면 중에는 고마운 감정이든 원한이나 분노의 감정이든 다 저장된다. 그래서 잠자리에 들기 전에 행복하거나 긍정적인 생각을 떠올리는 것이 중요하다.

왜 커피를 마시면 잠이 깰까?

이상하지만 매우 흥미로운 질문이다. 어디 한번 살펴보자. 일과 공부, 운동, 이동 등 우리가 하는 모든 활동에는 에너지가 필요하다. 이런 몸의 에너지를 ATP(아데노신 3인산)이라고 한다. 각 세포는 이런 물질의 분자들을 통해 영양을 공급받는데, 이것들은 주로 먹는 음식에서 나온다. 우리가 운동하고, 일하고, 공부하고, 생각할 때, ATP를 사용하는데, 몸에서 조금씩 이것이 소비된다. 우리가 ATP 분자를 사용할 때마다 이것은 인산 분자와 아데노신 분자로 가수분해 된다. 아데노신 분자는 수면을 유도하는 물질이기 때문에 휴식에 중요하다. 뇌에는 아데노신에 민감하고 특화된 수용체가 있다. 만일 이 분자의 수치가 높으면 우리 몸은 졸음을 느끼고 수면은 더 깊어진다. 아주 똑똑한 우리 몸은 힘을 쓰거나 운동, 공부를 한 후에 이 시스템을 사용해서 피로감을 유발하고 수면을 유도한다. 휴식 과정을 담당하는 다른 분자들도 있지만, 아데노신 수치가 높으면 수면에 큰 영향을 주어서 더 잘 쉴수 있다.

그렇다면 커피는 어떤 역할을 할까? 여기에서 바로 그 유명한 카페인이 등장한다. 이것은 전형적인 '수면 방지' 분자로 1819년 독일의 화학자 프리들리프 룽게(Friedlieb Runge)가 발견했다.

여기에는 아데노신과 매우 유사한 성분이 들어있는데, 이것을 아데노신 수용체의 비선택적 길항제(non-selective antagonist)라고 부른다. 즉, 카페인을 섭취하면 아데노신에 민감한 뇌의 수용체들이 차단된다. 그럴 때 뇌는 더는 '졸음' 신호를 받지 못하므로 더 오래 깨어 있거나 일하거나 활동하게 된다.

수면 부족은 몸과 마음에 해로운 영향을 미친다. 일반적으로 인간은 4~5번의 수면주기가 필요하다. 각각의 시간은 약 90분이다.

분명 당신도 다음과 같은 경험을 했을 것이다. 한밤중에 깨었는데 정신이 말똥말똥하다. 그런데 다시 잠들고 아침에 알람 소리를 들고 깼는데 피곤하다. 왜 그런 걸까? 이것은 수면주기와 관련이 있다.

수면주기에는 5단계가 있다. 1, 2단계는 얕은 수면, 3, 4단계는 깊은 수면이고 5단계인 렘REM; Rapid Eye Movement (급속 안구 운동) 단계에는 꿈을 꾼다. 말했듯이 그 주기는 약 90분이다. 1단계에서 4단계까지 60분이나 65분이 걸리고, 5단계에서 20분이 더해진다. 수면 과학에 따르면 좋은 잠은 잠자리에서 보내는 시간이 아니라, 진행되는 수면주기와 큰 상관이 있다.

만일 당신의 수면 단계가 규칙적이라면 일어나는 시간을 한번 찾아보라. 대략 한 시간 반에서 한 시간 반씩 더해보자. 즉, 1시간 반, 3시간, 4시간 반, 6시간, 7시간 반이 된다. 당신의 수면 시간은 이 시간 중 상황에 맞게 선택하면 된다. 예를 들어보자. 만일 당신이 12시에 잠자리에 든다면, 알람시계를 7시 30분으로 맞춰보라. 잠에서 깨는 데 덜 힘들고, 머리가 더 상쾌하고 쉽게 활성화되는 것을 알 수 있을 것이다. 만일 8시로 맞춘다면, 더 많이 잠을 잤더라도 이상하게 일어나기가 더 힘들 것이다. 알람시계가 깊은 수면 단계에서 울렸기 때문이다.

이런 주기는 사람마다 다르고 운동과 스트레스, 약물 또는 알코올과 같은 요인의 영향을 받는다. 우리 주변에는 5시간보다 적게 잤는데도 최고의 컨디션에서 일하는 사람들이 있다. 따라서 각자 자신의 수면주기를 알아보고 일정을 조정하는 게 좋다.

수면 위생: 숙면을 위한 5가지 조언

A. 잠자리에 들기 전에는 전자기기를 멀리하라.

잠자리에 들기 전에 전자기기의 화면, 비디오 게임, 소셜 네트워크를 조심하라. 자기 전에 사용하는 스마트 폰, 태블릿 등 화면에서 나오는 빛이 해로운 영향을 끼친다는 사실을 증명하는 연구들이 많다. 2014년 〈영국의학저널〉이 16세에서 19세 사이의 9,800명 청소년을 대상으로 한 연구에 따르면, 전자기기 사용이 정상적인 수면 패턴을 바꾸는 것으로 나타났다. 수면 전에 이런 기기를 많이 사용하면 할수록 수면 부족의 위험이 커진다. 문제는 수면 잠복기Sleep Onset Latency, SOL, 즉 수면에 걸리는 시간이다. 전자기기에서 나오는 블루라이트는 수면 호르몬인 멜라토닌 분비를 방해한다. 연구에 따르면 이 빛은 멜라토닌 분비를 22%까지 감소시킨다. 따라서 일부 기기에는 야간 모드가 있는데, 이것은 화면에서 나오는 블루라이트를 걸러서 멜라토닌에 미치는 영향을 줄여준다.

B. 감정적 자극을 조심하라.

걱정스러운 대화, 갈등으로 끝나는 저녁 식사, 배우자와의 격렬한 대화 등은 그날 밤 제대로 쉬지 못하게 만드는 요인들이다. 만일 당신이 무서운 영화나 혼란스러운 뉴스를 봤다면, 잠자리에 들기 전에 당신의 눈과 마음은 마지막에 본 것을 계속 떠올릴 것이다.

사람마다 잠이 드는 시간이 다 다르다. 격렬한 액션 영화 중간에도 잠이 드는 사람들이 있는가 하면, 거의 눈에 띄지 않는 자극에도 쉬지 못하는 사람이 있다. 중요한 것은 자기 자신을 알고 삶에서 취약한 부분이 있음을 인정하는 것이다. 그리고 휴식의 질을 떨어뜨리지 않기 위해 당신의 수면에 영향을 끼치는 감정에 더 많은 주의를 기울여야 한다.

C. 눈을 감기 전 마지막 생각을 조심하라.

침대에서 당신이 걱정하는 모든 일을 불러오지 않도록 조심하라. 그리고 그날 일어났거나 다음 날 일어날 수 있는 모든 부정적인 일들을 생각하지 않도록 노력하라. 당신에게 일어났거나 당신을 웃게 만드는 행복하고 긍정적인 일에 집중하라. 당신의 하루가 아무리 나빴더라도 붙잡을만한 긍정적인 부분은 늘 있기 마련이다.

D. 건강한 일상을 선택하라.

수면 위생이란 건강한 수면 단계로 들어가기 위해 뇌를 준비하는 것이다. 신생아를 둔 부모라면 잠자리에 들기 전에 아기의 뇌가 점차 수면 상태로 들어가는 '의식'을 만들기를 권한다. 물론 성인도 마찬가지이다. 샤워나 조용한 독서, 물 마시기, 명상, 기도, 음악 듣기, 생각을 환기하는 데 도움이 되는 드라마 시청 등은 잠자기 전에 마음을 준비하는 하나의 의식이 될 수 있다.

두 아군 또는 적군

밤에는 과도한 운동을 주의하라. 어떤 사람들에게 운동은 코르티솔을 방출해 더 깊게 휴식하는 데 도움이 되지만, 어떤 사람들은 코르티솔이 더 활성화되어 잠을 이루지 못하게 한다.

과한 저녁 식사와 음주는 휴식을 방해하는 요소이다. 또한 카페인과 차 같은 수면에 자극을 주는 것들을 조심하라.

E. 침실을 어둡게 하고 자라.

이 말을 듣고 놀랄지도 모르겠다. 여름철에는 많은 사람이 창문을 연 채로 잠을 자고 창을 통해 들어오는 태양 빛에 깨어나기 때문이다. 물론 일찍 일어나도 괜찮다면, 전혀 문제가 되지 않는다. 내가 말하는 것은 텔레비전 센서 불빛부터 전화 알림 또는 거실 복도 불빛까지 방의 어딘가에 켜져 있는 불빛이다. 이 빛은 약하고 눈에 잘 띄지 않지만, 멜라토닌 생성에 안 좋은 영향을 끼친다.

6. 기분은 태도에 달려있다.

상황 앞에서 보이는 태도에 따라 대응 방법이 달라진다. 면접과 데이트, 시험을 대하는 태도는 결과에 결정적인 영향을 미친다.

나중에 실망하지 않기 위해서 항상 '최악의 상황'을 미리 생각하는 사람들이 있다. 물론 이렇게 하면 예상치 못한 일이 생겼을 때 놀라더라도 타격이 덜할 수 있다. 하지만 우리가 행동할 때 긍정적인 태도를 보이면 뇌가 매우 활성화된다.

태도는 삶을 대하는 방법에 관한 결정이다. 결정이기 때문에 항상 노력하고 개선할 수 있다. 태도는 기분을 움직이는 강력한 활성제이다. 물론 모든 태도에 반응하지 않는 우울한 상태에 있는 사람도 많다. 하지만, 고통을 겪거나 병에 걸리고 아픔을 당한 사람이라도 좋은 쪽으로 생각하려고 애쓰면 분명 영향을 받아 상황이 조금씩 나아진다.

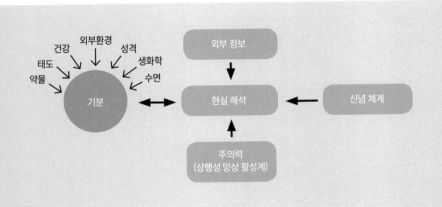

주의력, 상행성 망상 활성계(ARAS)

> 진정한 발견의 행위는 새로운 땅을 찾아 나가는 것이 아니라,
> 새로운 눈으로 오래된 땅을 보는 법을 배우는 것이다.
> • 마르셀 프루스트

상행성 망상 활성계ARAS는 이름은 좀 이상하지만, 실제로는 매우 흥미롭고 영감을 주는 뇌의 영역이다.

소말리 맘(Somaly Mam)을 만난 날, 내 삶이 바뀌었다.

나는 의과 대학을 졸업했다. 그리고 전공과를 선택하기 위해 MIR 시험(스페인의 의료 전문가 교육을 받기 위한 시험—역주)을 봤다. 마드리드에서 정신과를 신청하기 위해 보건부에 가기 며칠 전, 같은 전공의 친구와 이야기를 나누게 되었다. 그녀는 나에게 조금은 생뚱맞지만 흥미로운 계획을 제안했다. 그녀는 지금 자리를 내려놓고(1년 후에 다시 시험을 볼 수 있으니까), 캄보디아로 가서 오랫동안 협력해온 NGO 단체에서 일하자고 했다. 나는 그 아이디어에 흥분했다. 그래서 보건부 순번 표시에 내 번호가 뜨기 몇 분 전 그곳을 나왔다. 나는 부모님께 전화했고, 내 말을 들은 그들은 어안이 벙벙해서 믿지 못하셨다. 그리고 다음 날부터 나는 여행 계획에 전념했다.

나는 그때까지만 해도 캄보디아인의 역사나 생활 방식을 잘 알지 못했다. 여행 책을 파는 마드리드의 세라노 거리의 서점에 가

서 불교문화와 캄보디아 역사, 동남아시아 전통에 관한 책을 여러 권 샀다. 그 순간 소말리 맘이 쓴 <다시 찾은 꽃목걸이The Road Of Lost Innocence>라는 책이 눈에 들어왔다. 그녀는 캄보디아의 성매매 조직에 팔리고 고객과 사랑에 빠져서 그곳을 빠져나올 때까지 10년 넘게 매춘업소에서 일했다.

그녀는 인신매매와 성적 학대 및 매춘에 맞서 싸우는 세계 최고의 NGO 중 하나를 설립했다. 그 책에는 스페인의 소피아 여왕에게 바치는 헌정사인 "다른 사람들을 향해 끊임없는 관심을 보여주는 소피아 여왕님께. 당신은 제가 계속 싸워나갈 힘을 주셨습니다."가 실려 있었다.

나는 그 책을 샀다. 이 책은 도덕이 사라진 세상과 만연한 강간과 폭행의 실상을 보여주었다. 내 인생에서 가장 어려운 책이었다. 마음속에서 이 살아남은 투쟁가를 만나보고 싶다는 생각이 샘솟았다. 나는 그 책을 보면서 소말리가 과거의 일부 트라우마와 상처를 다 극복하지 못했음을 느꼈다. 그녀가 어느 한 소녀를 구해주었을 때, 그녀의 표현 방식은 아직 치유되지 않은 고통을 드러냈기 때문이다.

나는 그녀를 찾으려고 인터넷을 검색했다. 그녀의 웹 사이트, 재단을 찾아보았다. 그리고 이메일도 여러 통 썼다. 하지만 답장은 받지 못했다. 나는 그녀가 유럽과 미국 등 여러 나라를 다니며 이런 악습을 알리고 있다는 걸 알게 되었다. 나는 그녀를 돕기로 마음먹었다. 하지만 그러기 위해서는 먼저 그녀를 만나야 했다. 나는 그녀를 찾기 위해 할 수 있는 모든 일을 할 생각이었다. 이를 위해서 해야 할 첫 단계는 분명했다. 캄보디아로 날아가야 했다. 예상 경로는 마드리드-런던-방콕-프놈펜이었다. 난 런던에 도착해 폭풍 때문에 착륙이 2시간 지연되는 바람에 태국행 비행기를 놓치고 말았다. 그래서 그날 밤은 공항 호텔에서 보냈고, 다음 날 아침 다른 항공사의 비행기를 탔다. 그런데 탑승구에 갔을 때 공항에서 내 짐이 분실되었다는 소식을 들었다. 그들은 짐이 나타날 때까지 기다리거나 목적지에 가서 요구하라고 했다. 결국 나는 비행기에 올라탔다. 캄보디아에 가서 도움을 받기로 했기 때문이다. 잃어버린 여행 가방도 내 결심을 막을 수는 없었다.

마침내 나는 방콕에 도착했다. 그리고 6시간의 기다림 끝에 프놈펜으로 가는 비행기를 탈 수 있었다. 그곳에 도착하자마자 서둘러 수화물 찾는 곳으로 갔다. 그곳에서 어떤 한 캄보디아 여성이 짐을 요구하고 있었다. 나는 그녀를 슬쩍 쳐다보았다. 책에서 나온 소말리를 닮은 여성이었다! 하지만 나는 한 번도 '캄보디아인의 얼굴'을 본 적이 없었다. 그래도 혹시 몰라서 책을 꺼내 카운터에 올려놓았다.

"제 책을 가지고 있군요." 그녀가 영어로 말을 건넸다.

믿을 수가 없었다. 정말 그녀였다니! 몸에 전율이 흘렀다. 이렇게 운이 좋다니! 잠도 잘 자지 못한 상태였고 감정이 복받쳐서 나는 다급하고 초조하게 그녀에게 말했다. 나는 그녀를 찾기 위해 캄보디아에 왔다고 말했다. 소녀들과 함께하는 그녀의 프로젝트를 돕고 싶다고 했다. 그러자 그녀는 내 말을 믿지 못했다.* 그러고는 주위를 둘러보았다. 거기에는 보호자 겸 경호원 역할을 하는 사람이 서 있었다. 내 인생에서 가장 벅찬 순간, 그 기회가 눈앞에서 사라지기 일보 직전이었다.

"당신이 아주 사랑하는 사람이 있더군요." 나는 말을 덧붙였다.

"누구요?" 그녀가 물었다.

---

* 소말리는 마피아와 여러 조직에 감시당하고 늘 테러의 위험에 노출되어 있었다.

"소피아 여왕이요." 내가 대답하자, 그녀는 나를 조심스럽게 바라보았다.
"그분을 알고 있나요?"
"모두가 그녀를 알죠!"
마침내 그녀는 내게 친절하게 미소를 지으며 말했다.
"여기 제 전화번호예요. 내일 전화 주세요!"

하늘의 도움으로 이루어진 그 만남 이후, 나는 그곳에서 다른 여성들을 돕는 일에 뛰어든 진정한 여전사를 만났고, 그녀의 도움으로 매춘 세계에 들어갈 수 있었다. 나는 그곳에서 HIV(인간면역결핍바이러스) 감염을 예방하고 성병과 강간, 학대를 받은 소녀들과 청년들을 치료했다. 개인적으로 나는 소피아 여왕을 만났었고, 함께 일할 기회도 여러 번 있었다. 그녀는 이미 소말리와의 협업에 관심이 있었다.

나는 아픔과 육체적 고통, 그리고 무엇보다도 심리적 고통으로 가득한 끔찍한 세상과 접촉했다. 나는 진짜 트라우마를 가진 여성들을 돌보았다. 그러면서 나는 그 대가로 그런 암흑 같은 세상에서 내가 쓸모가 있고 도움을 줄 수 있다는 사실, 그리고 개인적으로뿐만 아니라 아무것도 가진 것이 없는 사람들을 위해 전문적으로 일할 수 있다는 사실에 만족감을 느꼈다. 그런 경험은 받는 사람보다 주는 사람을 더 풍요롭게 하는데, 이를 통해 가지고 있는 것에 더 감사하고 소중히 여기게 되며 고통 받는 사람을 절대

방관하지 않기 때문이다. 이 모든 것은 공항에서 잃어버린 짐을 찾다가 우연히 이루어진 만남 덕분이었다…. 행운이었을까? 그 순간 덕분에 내 삶이 바뀌었다. 비행기를 놓치고 여행 가방을 잃어버린 건 정말 내게 좋은 일이었다!

상행성 망상 활성계

매 순간 우리 머리는 수백만 비트의 정보를 포착하지만, 우리가 기대하거나 꿈꾸거나 관심 있는 것에만 주의를 기울인다. 우리가 수많은 자극에 노출되면 상행성 망상 활성계가 목표와 관심사 및 생존에 관심이 있는 모든 정보를 필터링하고 우선순위를 정한다. 만일 우리 뇌가 들어오는 모든 자극을 흡수하고 처리한다면 결국은 지쳐서 나가떨어질 것이기 때문에 필터링은 중요하다.

어떤 임산부는 길을 걷다가 '우리 동네에 유모차가 엄청 많군!' 이라고 생각할 수 있다. 하지만 실제로 아이들이 더 많이 태어난 건 아니다. 이런 생각을 하는 건 그녀의 뇌가 그 정보에 더 '민감하다'는 뜻이다. 우리가 무언가에 관심이 생기면, 뇌는 받아들이는 모든 입력 정보 중에서 그 관심사를 찾기 위해 최선을 다한다. 아파트를 구할 때는 갑자기 뇌가 모든 곳에 붙어있는 아파트 매물 리스트를 보게 된다. 관심 있는 자동차 모델이 있다면 신호등 앞에 설 때마다 그 자동차만 찾아볼 것이다. 아마도 그 매물 리스트나 그 자동차는 오래전부터 있었지만, 우리가 그것을 볼 마음이 없었다. 우리 머리는 다른 필요를 생각하고 있었기 때문이다.

<u>뭔가를 간절히 원하면, 나타나게 할 수 있다.</u>

이것은 단순히 무언가를 원한다고 해서 다음 날 바로 그런 일이 일어난다는 뜻이 아니다. 핵심은 뇌에 목표와 꿈을 심어서 그것들이 우리 옆을 지날 때 그쪽으로 주의를 향하게 하는 것이다. 문제는 많은 사람이 자신이 '간절히 원하는 것'이 무엇인지 모르고, 심지어는 그냥 내버려 둔다는 사실이다. 많은 사람의 삶에서 흥미로운 일이 일어나지 않는 이유는 아주 간단하다. 삶에 무슨 일이 일어나길 원하는지를 모르기 때문이다.

<u>크게 상상하고, 생각하고, 꿈꾸라.</u>
<u>하지만 작은 것부터 행동하라.</u>

당신의 상상력을 건강하게 사용하라. 정말로 무언가를 원하고, 열심히 상상한다면, 그것을 얻을 수 있다. 당신의 마음에 날개를 달고, 행동 계획을 세우며 그것을 실행하라. 여기에서 계획은 필수이다. 계획이나 단기 목표가 없으면 좋은 결과를 얻을 수 없기 때문이다. 영국의 극작가 버나드 쇼의 말처럼, 아래에 토대를 쌓을 수만 있다면 하늘에 성을 쌓는 건 아무런 문제가 아니다. 상상력을 발휘하라. 꿈을 꾸라. 신경 생물학적으로 무언가를 강한 희망을 품고 상상하면 뇌에서 놀라운 일이 벌어진다. 뇌에 변화가 일어나는데, 당신의 뉴런이 정상적인 활동을 할 수 있게 해주는

감정 상태가 유도되기 때문이다.

삶에서 우리는 생각하는 것을 끌어들인다.

당신이 정말로 원하는 것에 집중하고, 존재의 깊숙한 곳을 흔들어 깨울 수 있는 크거나 작은 계획을 이루는 데 열정을 쏟아라. 그러면 마음속에서 뭔가가 일어나기 시작할 것이다. 안정감과 자신감, 기쁨을 얻게 된다. 그리고 더 놀라운 사실은 당신의 뇌가 변하게 된다. 며칠 동안 희망의 꿈이 지속되면, 신경 발생 과정이 활성화된다. 줄기세포는 해마로 이동하여 뉴런으로 변한다. 우리는 새로운 신경 세포를 재생하는 몇 가지 방법을 알고 있는데, 열정과 꿈이 그중 하나다!

원한다면 모든 인간은 자기 두뇌의 조각가가 될 수 있다.
(산티아고 라몬 이 카할Santiago Ramón y Cajal, 스페인 출신의 신경조직학자)

당신의 몸과 마음은 좋은 일이 일어날 수 있음을 인식할 때 변화가 일어난다. 이것은 정확한 목표 달성에 집착하라는 뜻이 아니라(삶이 늘 내가 원하는 곳으로만 가는 건 아니므로), '당신의 최고 버전'을 끌어낼 수 있는 정신 상태를 갖자는 것이다.* 목표에만

---

* 제9장에서 '당신의 최고 버전' 방정식을 사용할 것이다.

집착하면 역효과가 생길 수도 있다. 아주 구체적이고 분명한 목표 달성에만 집중해서, 삶에서 벌어지는 다른 흥미로운 일들은 보지 못할 수도 있기 때문이다. 따라서 때로는 한발 물러서서 더 넓은 시선으로 다른 목표를 향해 나아가야 할 때도 있다. 인생에서 우리는 항상 '신호들'을 받는다. 신호마다 이름을 붙일 수 있는데, 이것들은 우리가 알맞은 길을 찾고 우리의 최고의 버전을 개발하도록 인도해줄 것이다.

상행성 망상 활성계를 자극하는 방법

- 매일 아침 일찍 침대에서 일어나거나 커피를 마시면서 그날의 목표를 정하라. 사소한 일(누군가와의 대화나 전화 같은)이나 당신이 기대하는 가장 중요한 도전(당신의 뇌를 최적의 감정 상태에 있게 하는 것)이 목표가 될 수 있다.
- 열정과 평화, 자신감을 가지고 그 도전을 이루는 상상을 해보라. 그것을 느끼고 좋아하고, 즐기라. 아주 잠깐이면 된다. 단, 상상하다가 과거의 안 좋은 일로 흘러가서 시간을 낭비하지 않도록 조심하라.
- 목표에 다가가기 위한 첫 단계를 생각하고 간단한 계획을 세우라.
- 힘을 내라! 당신의 목표가 코앞에 있다. 상행성 망상 활성계를 활성화하면 더 쉽게 이룰 수 있다!

여기에서는 열린 사고를 하는 게 필수이다. 만일 우리 주의력(그리고 상행성 망상 활성계)을 활성화하지 않으면, 우리 앞에 펼쳐지는 가능성을 보지 못할 것이다. 반대로, 수용적이고 낙관적이며 신뢰하는 태도를 보이면, 우리에게 벌어지는 일을 이해할 수 있고, 이런 경험의 의미를 알게 될 것이다.

오늘날 우리에게 문제가 있는데, 우리에게 일어나는 일에 주의를 기울이지 않고, 아무것에도 놀라지 않는다는 점이다. 오늘날 우리 사회는 호기심을 갖고 현실을 자세하게 살펴보아야 한다. 만일, 뭔가를 주의 깊게 살펴보면, 그것은 곧 흥미로운 것으로 바뀐다. 그러기 위해서는 우선 멈추고 침묵을 들을 수 있어야 한다. 침묵은 단지 소리가 없는 상태가 아니다! 외부 소음을 차단하고, 평화롭게 내면을 바라보는 능력이다.

아이와 함께 길을 걷다 보면, 아이가 모든 것에 주의를 기울인다는 사실을 알게 될 것이다. 집에서 유치원까지 거리는 500미터도 채 안 된다. 하지만, 데리고 가는 데 거의 30분이 걸리고, 이후 혼자 돌아올 때는 5분도 안 걸린다. 차이가 나는 이유가 뭘까? 아이에게는 경찰차와 쓰레기차, 오토바이를 탄 사람, 비행기, 색색의 조명, 진열장, 차에서 나는 시끄러운 음악, 지나가는 낯선 사람들, 인사하는 사람들 등 주의를 끄는 '흥미로운 것들'이 수없이 많기 때문이다.

현실을 다시 보는 법 배우기

볼 줄 알면, 사랑할 줄 안다.

• 엔리케 로하스

우리를 둘러싼 현실을 관찰하고 거기에서 기쁨을 찾아라. 그러면 어떤 식이든 그 안에 항상 당신의 마음을 끄는 매력적인 부분이 있다는 걸 깨닫게 될 것이다. 주의해서 바라보면 삶에 관한 관심과 매력이 되살아난다. 우리는 냉혹함이 아닌 새로운 눈으로 부드럽게 현실을 바라보는 법을 배워야 한다.

진심으로 조언하건대, 당신의 가족과 자녀, 집과 일을 다시 바라보라…. 단, 경이감을 깊게 품고! 아마 당신도 모르게 익숙해져버린 무언가를 발견하게 될 것이다. 쉽게 지나쳤던 긍정적인 부분들을 재발견할 수도 있다. 특별히 이것은 관계에서 중요하다. 남편이나 아내를 마치 처음 보는 것처럼 신선하게 바라보고, 그들의 인상과 신체 언어를 자세히 살피며, 진지하게 시선을 맞추고 자세히 관찰해보라. 절대, 당신이 사랑에 빠졌던 사람에게 습관처럼 익숙해지지 마라. 판에 박힌 일상에서 벗어나라.

현실을 지루하고 냉랭하게 바라보고, 모든 것을 당연한 것으로 여기며, 삶의 신비가 제공하는 세밀한 뜻을 읽지 않는다면 항상 부정적이고 어렵고 해결책이 없는 문제들에 갇히게 될 것이다.

에밀리아의 사례

에밀리아는 8년 전에 이혼했다. 그녀는 너무 사랑했던 남편 후안과 20년간 결혼 생활을 했었다. 이혼 당시 그들 사이에는 16세, 17세, 19세 세 명의 자녀가 있었다. 그들은 서로를 존중하고 사랑했고 여느 결혼 생활처럼 기복이 있긴 했지만, 전반적으로는 안정된 커플이었다.

문제는 후안이 미국 출장을 자주 다니면서 시작되었다. 그는 뉴욕과 마이애미, 로스앤젤레스에서 많은 시간을 보냈다. 에밀리아는 남편이 늘 옆에 있던 삶에 익숙했기 때문에 떨어져 있는 그를 비난하게 되었고, 그들의 관계가 냉랭해지고 있음을 눈치챘다. 실제로 어느 날 후안은 여행을 마치고 돌아오는 길에 에밀리아에게 다른 사람과 사랑에 빠졌다고 고백했다. 그녀는 남편을 설득하려고 애썼고, 여러 치료사에게도 데려갔지만, 이미 그는 마음의 결정을 내린 상태였다. 그가 사랑에 빠진 여자는 스물일곱 살의 어린 나이였고, 그들은 함께 아들까지 기다리고 있었다. 에밀리아는 여전히 그를 사랑했지만, 도저히 용서할 수 없다는 사실을 깨달았다.

그 후 4년은 그녀에게 지옥 같은 시간이었다. 그녀는 고통에 몸부림치며 울었고 심한 우울증까지 겪었다. 다행히도 약물 치료 후에는 호전되었고, 약물 치료도 점차 줄어들었다.

내 상담실에 왔을 때는 말했던 것처럼, 이미 이혼하고 8년이 지났을 때였다. 그녀는 마드리드 병원의 레지던트인 스물일곱 살의 큰딸과 함께 왔다. 그녀는 어머니가 이전 같지 않고, 이혼 후 수년이 지났음에도 삶에 열정을 회복하지 못한다고 했다. 그녀의 설명에 따르면, 어머니는 항상 모든 사람에게 부정적인 말을 하고, 가혹하게 판단하며, 세상을 경멸의 눈으로 바라보았다. 그런데도 자신이 슬프거나 우울하다는 것을 부인하고, 다른 사람을 비판하거나 판단하는 말만 했다. 아주 작은 부분들에 집착하고, 주변의 모든 것은 고쳐야 할 대상으로 바라봤다. 그녀는 몇 달 안에 할머니가 될 예정이고, 자녀들은 어머니의 이런 태도를 걱정하고 있었다.

나는 에밀리아와 이야기를 나누면서 '삶에 화가 난' 여자를 만났다. 처음 만났을 때부터 그녀는 날씨와 마드리드의 교통 상황 및 자녀들이 매우 힘들다고 불평을 늘어놓았다. 나는 상담을 하는 내내 그녀가 사람이나 상황에 대해서 좋은 말을 하는 걸 듣지 못했다. 나는 그녀에게 해변에 있는 집에 관해 물었다. 딸은 그 집이 아름답고 매우 기분 좋게 해주는 곳이라고 했었다. 하지만 그녀는 1년 동안 먼지가 많이 쌓였고, 더는 여름에 그곳에 가고 싶지 않다고 말했다. 곧 엄마가 될 딸에 관해 묻자, 그녀는 이렇게 대답했다.

"아이가 태어나면 제가 도와줄 거라 기대하지 말았으면 해요. 이미 딸에게도 말은 했지만요. 그렇게 젊은데 벌써 아이를 가지다니요."

상담에 동행한 딸은 그녀가 너무 우울하다고 했다. 그녀는 항상 울었고 침대에서 며칠을 보냈다. 그러나 그녀의 행동에서 가장 많이 나타나는 건 끝없는 불만과 불평이었다.

나는 그녀에게 현실을 다른 눈으로 다시 바라보는 것이 중요하다고 설명했다. 그녀는 나를 놀란 눈으로 쳐다봤다. 그리고 주저 없이 다음과 같이 주장했다.

"저는 아주 객관적인 사람이에요."

나는 행복이 현실에 대한 해석에 달려있다고 강조했다. 나는 그녀의 행복과 신념을 바탕으로 성격 도표를 만들고, 그녀가 모든 곳에서 비판과 판단을 하는 역할에 갇혀있다고 설명했다. 그런 역할로는 삶에서 좋은 일들을 나타나게 하거나 경이감과 연민, 섬세함으로 주변을 바라볼 수 없다고 말이다.

치료는 10개월 동안 지속되었다. 나는 그녀가 과거의 상처를 극복하고 현재를 너무 미워하지 않고 미래를 기대할 수 있도록 도왔다. 쉽지는 않았지만, 지금은 그녀가 현실을 해석하는 방법에 문제가 있다는 것을 스스로 깨닫게 되었다. 그녀의 주의력은 그녀 말마따나 '감염되어' 있었다.

낙관주의자는 당신의 눈을 바라보고 마음에서 마음으로 말한다. 비관론자는 땅을 보고 어깨를 움츠리고 마음으로 소통하지 않는다.

주의를 집중하라. 집중하려고 노력하라. 스페인 철학자인 호세 오르테가 이 가세트José Ortega y Gasset는 이 시대 가장 중요한 사상가 중 한 명이다. 〈나는 나와 내 상황이다Yo soy yo y mi circunstancia〉라는 책의 저자인 그는 머릿속에 생각이 너무 꽉 차서 집중력에 심각한 문제가 있었다. 따라서 그는 글쓰기에 필요한 정신 상태를 얻기 위해 외부 세계로부터 자신을 차단하는 '몰입'이 필요했다. 그래서 그는 어둠 속에서 크고 텅 빈 복도를 걷곤 했다. 그러다가 생각이 정리되면, 책상에 앉아 눈앞에 붙어있는 검은 천을 보며 생각을 구체화했다. 이것이 바로 그가 복도에서 받은 영감을 유지하는 방법이었다.

당신은 정말 집중해야 할 때 어떤 방법을 사용하는가?

눈을 들고, 손에서 휴대전화를 놓고, 뭔가 놀랄 거리가 있다는
기대를 품고 새로운 눈과 마음으로 생각하라!

오늘날 많은 사람들은 상행성 망상 활성계가 차단되어 있다. 주
된 원인 중 하나가 바로 전자기기 화면이다. 이거 때문에 우리 옆
에서 일어나는 '좋은 일'에 주의를 기울이기가 매우 어렵다. 주의
를 집중하는 것은 매우 중요하다. 끝없이 우리의 감각을 괴롭히는
자극들에서 벗어나는 법을 배우고, 정말로 중요하고 가치 있는 것
에 주의를 기울여야 한다.

신경가소성과 주의력

신경가소성뇌가 외부환경의 양상이나 질에 따라 구조와 기능을 변화시키는 특성—역주
은 세포 사이의 새로운 연결 형성부터 변화와 환경, 도전에 대한
뇌의 적응 현상에 이르기까지 신경 연결을 '재연결'하는 역할을
한다.

그리고 스트레스와 질병, 유전학, 감염, 트라우마 또는 사고와
같은 다양한 요인은 이 능력에 부정적인 영향을 미친다. 하지만
상행성 망상 활성계를 활성화하면 일부 뉴런들이 연결되면서 여

러 자극 중에서 가장 중요하고 필요한 것을 포착할 수 있게 된다.

<u>뇌는 우리가 주의를 기울이고 관심을 두는 것에 따라
실시간으로 조각된다.</u>

우리 뇌에서 뉴런은 우리의 주의 집중 방식에 따라 작동한다. 주의력을 조절할 수 없어서, 제대로 집중할 수 없으면 의사 결정 과정의 효율성에 악영향이 생긴다. 하지만, 좋은 소식이 있다. 우리를 혼란스럽게 만드는 정신 자동증mental automatism: 자기 의지와 상관 없이 독립적으로 이루어지는 자동적 정신 작업—역주을 '해체'해서 우리가 정말 원하는 쪽으로 다시 주의를 돌릴 수 있다. 즉, 주의력은 의지의 행위이므로 훈련할 수 있다. 이제 시작해보자….

<u>의지를 통제하려면,
우리가 주의력의 주인이 되어야 한다.</u>

- 당신의 주의력을 훈련하라. 당신의 환경에서 긍정적인 부분들에 집중하도록 노력하라.
- 현재의 순간을 음미하라. 때때로 감각에서 오는 느낌들에 익숙해지면 그것에 주의를 기울이지 않기 때문에 '음미'라는 표현을 사용했다. 만일 오렌지나 바나나 또는 햄 조각을 먹는다면 그 맛을 즐겨보라. 냄새와 질감, 풍미를 느끼도록 노

력하라. 또, 공원에서 과감하게 눈을 감고 당신의 청각과 후각에 집중해보라. 또, 단지 기분 전환으로만 음악을 듣지 말고, 소리가 아닌 그 음악에 집중해보라.

• 결단하라. 당신의 삶의 주도권을 잡아라. 당신 주변에서 객관적으로 보기에 가치가 있고 좋은 것들을 살펴보라. 그리고 잠시 그것에 대한 장점들을 반복해서 말해보자. 아마도 당신은 놀라게 될 것이다. 사람과 사건, 상황 등을 대상으로도 이렇게 해보자. 당신의 생각이 차단해서 눈치채지 못한 장점들이 꽤 많을 것이다. 생각과 몸이 깊이 연결되어 있다는 사실을 절대 잊지 말라.

• 많은 경우 약물 치료가 도움이 되지만, 그것이 문제의 유일한 해결책은 아니다. 회복을 촉진하는 데는 도움이 되지만, 재발하지 않기 위해서는 마음을 훈련해야 한다.

6

감정과 그것이
건강에 끼치는 영향

감정이란 무엇일까?

감정이란 크고 작은 강도의 정서 상태이자 삶의 환경, 일상적 사건 및 우리의 주관성타인이 확인할 수 없는 개인의 경험—역주에 대한 신체 반응이다. 그리고 이것은 우리의 존재 방식을 드러내고 우리가 느끼는 방식을 표현한다.

따라서 같은 사건이라고 해도 사람마다 다른 감정을 느낄 수 있고, 우리 삶에서 벌어지는 사건들에 색깔과 풍미를 부여한다. 또한 감정은 신체와 정신 건강과 관련 있다. 예를 들어, 내가 '기분 좋아.'라고 말하면, 평안함과 행복을 느낀다. 또, '난 건강한 거 같아.'라고 확신하면, 건강이 좋아진다. 하지만 반대로 '난 혼자인 것 같아.'라고 말하면, 외로움을 느끼게 된다.

긍정 심리학

긍정 심리학positive psychology은 1998년 미국 심리학자 마틴 셀리그만이 만든 용어이다. 어떤 사건이 발생할 때 우리가 반응하는 방식에는 두 가지가 있다. 긍정적 감정과 부정적 감정이다. 이 둘 중에 어떤 것이 지배하고 명령하느냐에 따라 우리가 느끼는 방식이 달라진다. 좀 더 깊이 들어가 보자. 전통적으로 심리학에서 가장 많이 연구되는 주제는 바로 고통과 고뇌, 불안, 분노, 외로움 같은 부정적인 감정이다. 하지만 최근 몇 년간 과학계에서는 긍정적인 감정들에 관한 연구를 점점 더 많이 하고 있는데, 특히 긍정심리학 출현 이후에는 더 많아졌다.

이와 관련해 또 다른 흥미로운 과학자가 있는데, 바로 신경심리학 박사인 리차드 데이비슨Richard J. Davidson이다. 그는 위스콘신-매디슨 대학의 '건강한 마음 연구소'의 창립자이자 회장이다. 그곳에서 그는 친절과 애정, 연민, 사랑과 같은 긍정적인 감정과 행동 특성을 연구한다. 이 모든 것은 1992년 다음의 질문을 한 달라이 라마와의 만남에서 시작되었다.

"친절과 부드러움 또는 연민의 마음을 연구해볼 생각은 없나요?"

이후로 그는 인간의 긍정적 감정들에 관해서 연구하고 있다. 그런 그의 좌우명은 '친절은 건강한 뇌의 기초'이다.

놀라운 참가자들과 함께하는 연구

데이비드 스노든David Snowdon 박사와 데보라 대너Deborah Danner 박사는 미국의 가톨릭 수녀 180명을 대상으로 연구를 진행했다. 이들은 평균 나이가 스물두 살쯤 된 수녀들에게 그들 삶에 대해 짧게 기술하게 했다. 그리고 60년이 흐른 뒤 그 기록과 그녀들의 삶을 여러 차원으로 비교 분석하였다. 60년 전 20대에 썼던 자서전 노트에 표현된 긍정적인 감정과 장수 사이의 놀라운 상관관계가 발견됐다. 84살이 되었을 때, 긍정적인 감정을 많이 쓴 사람 중에는 90%가 살아있었지만, 긍정적인 감정을 적게 쓴 사람 중에는 34%만 살아있었다. 다시 10년이 지난 94세에는 긍정적인 감정을 많이 쓴 사람 중 54%가 살아있었고, 적게 쓴 사람 중에는 11%만이 살아있었다.

또한 더 많은 생각을 표현하거나 풍부한 어휘를 가진 수녀들은 85세 이후 노인성 치매에 걸릴 확률이 더 낮았다. 참고로 85세에는 알츠하이머병에 걸릴 위험이 약 50% 정도이다.

참가자들 대부분이 사망한 후에도 분석할 수 있도록 뇌를 기증했기 때문에 이 연구는 계속 진행되었다. 여기에서 가장 큰 발견은 병과 증상 사이에 명확한 관계가 없다는 사실이다. 즉, 뇌가 심하게 손상된 수녀라도 신체적 정신적 건강이 좋은 경우가 많았고, 그 반대의 경우도 마찬가지였다. 일부 명백한 노인성 치매의 증상을 보였던 수녀들의 뇌 조직이 전혀 손상되지 않은 것도 발견되었다. 또한, 가장 건강한 뇌는 100살 이상 살았던 수녀들의 뇌와 일치했다.

아주 묘하게도 이 연구는 우연한 기회로 시작되었다. 처음에 데이비드 스노든 박사는 종교 공동체의 식습관과 그것이 노화에 미치는 영향에 대해 알아보려고 수도원에 방문했었다. 그런데 그곳에 가본 그는 그녀들이 연구할 만한 이상적인 특징을 지닌 흥미로운 집단이라는 사실을 깨닫고 놀랐다. 왜냐하면 그녀들은 스트레스 지수가 낮고, 담배나 술을 하지 않기 때문이다. 그곳에는 '훌륭한 7인'이라고 불리는 100살이 넘은 수녀도 일곱 명이나 있었다. 이 연구는 사람들의 관심을 받으면서 수백만 달러의 공식 보조금도 받게 되었다.

우리는 매우 흥미로운 결론을 얻었다. 나이가 많이 들더라도 노쇠와 정신적 노화를 피할 수 없는 건 아니고, 그 열쇠는 긍정적인 감정에 있어 보인다.

주요 감정

픽사 영화 〈인사이드 아웃Inside Out〉의 고문인 미국 심리학자 폴 에크만Paul Ekman은 표정이나 몸짓을 통해 우리가 느끼는 것을 보여주는 방법과 함께 감정을 심도 있게 연구했다. 왜 우리는 슬플 때 어깨를 움츠릴까? 왜 우리는 혐오나 두려움을 느낄 때 다른 몸짓을 할까?

에크만은 얼굴의 42개 근육뿐만 아니라, 머리와 눈의 움직임을 측정하는 분류 체계인 얼굴 표정 부호화시스템FACS을 만들었다. 그렇게 그는 1972년에 분노, 혐오, 공포, 기쁨, 슬픔, 놀람의 여섯 가지 기본 감정과 관련된 여섯 가지 보편적인 표정을 결정했다.

감정의 분자

지금 우리는 흥미로운 분야로 들어가고 있다. 2013년에 세상을 떠난 미국의 신경 과학자 캔디스 퍼트Candace B. Pert는 미국 국립정신건강연구소NIMH의 소장이자, 베스트셀러 〈감정의 분자Molecules of Emotion〉의 저자이다. 이 책은 감정의 분자가 건강에 미치는 영향에 관한 내용인데, 그녀는 마음과 몸의 연결에 관한 연구로 진정한 혁명을 일으켰고, 아편제 수용체도 발견했다.

그녀의 발견에 관해서 간단하게 알아보자. 아편제 수용체는 세포막 표면에 있고, 키잠금key-lock 유형으로 특정 분자에 선택적으로 결합한다. 수용체에 도달하는 분자들을 신경펩티드라고 하는데, 이것들은 감정의 기본 기층이다.

여기에서 흥미로운 점은 각 감정이 이러한 신경펩티드의 생성을 활성화한다는 사실이다. 막의 수용체가 감정으로부터 그 분자인 신경펩티드를 받으면 내부로 메시지를 전달한다. 이 메시지는 세포 생화학과 빈도수를 변경하여 행동에 영향을 준다.

세포 행동이란 무엇을 의미할까? 여기에는 새로운 단백질의 생성이나 세포 분열, 이온 통로의 개폐 또는 유전자의 변형 등이 포함된다! 즉, 이러한 신경펩티드는 생리학과 행동 및 유전자까지 변화시키는 메커니즘으로 작용한다. 한 세포의 '역사'는 감정의 신경펩티드가 막으로 보내는 신호들에서 비롯된다.

퍼트 박사의 말에 따르면, "펩티드라고 불리는 신경전달물질은 감정적 메시지를 전달한다. 우리의 감정이 변함에 따라 이 펩티드 혼합물은 몸과 뇌로 이동한다. 그것들은 말 그대로 신체의 모든 세포의 화학을 변화시킨다."

그녀는 다양한 발견들로 인해 오늘날 심리신경면역학의 창시자로 여겨진다.

질병은 감정과 불가피하게 연결될 수밖에 없다. 감정이 표현되면 신체가 반응한다. 감정이 거부되거나 억압되고 갇혀있으면 그런 사람은 심각한 피해를 본다. 퍼트 박사가 말한 것처럼, 모든 감정은 신체 내에서 생화학적 작용을 하기 때문이다.

감정을 삼키면 질식한다

스페인 속담에 '많이 삼키면, 결국 질식한다.'라는 말이 있다. 이 책에서 우리는 생각과 감정이 건강과 행동에 큰 영향을 미친다는 사실을 발견했다. 이제 그 구체적인 예를 살펴보자.

누군가가 나에게 "당신은 옷을 너무 못 입었어요."라고 말한다면, 다음과 같이 다양한 방법으로 반응할 수 있다.

- "넌 정말 형편없구나."라고 받아친다.
- 모든 감정을 억누른 채, 분개하고 슬퍼하며, 말을 곱씹어보며 '왜 나한테 이런 말을 했지? 난 그렇게 끔찍하진 않아…. 왜 나한테 삐딱한 거지? 다른 스타일로 입어야 할까?'라고 생각한다.
- 일어난 일을 부인하고, 차단하며, 생각하지 않고 무시해버린다.
- "난 맘에 들어. 내가 좀 독창적이고 취향이 독특하거든."이라고 대답한다.

각각의 반응은 신체와 세포 하나하나와 마음에 서로 다른 영향을 미친다. 첫 번째 경우(충동적이고 직접적, 그리고 약간 공격적으로 반응할 때)에는 꼭 신체적인 변화가 나타나지 않을 수도 있지만, 개인적 관계가 끊기거나 매우 어렵게 됨으로써 친구를 잃게 될 수 있다. 두 번째와 세 번째 경우는 우리를 병들게 한다. 부정적인 감정을 차단하고 침묵하는 것은 신체적, 정신적 건강에 안 좋은 영향을 미친다. 프로이트는 이런 상황에 대해서 '억압된 감정은 절대 죽지 않는다. 산 채로 묻혀서 최악의 형태로 드러날 것이다.'라고 했다. 마지막 대답은 가장 건강한 대응 방법이다. 물론 우리가 늘 제일 나은 방법으로 반응하고 행동할 수는 없다. 성격이나 상황으로 인해 예상치 못하게 또는 부적절하게 행동하게 되고, 나중에서야 그 사실을 깨닫는 경우가 많다.

오늘날 우리는 감정을 차단하고 없애라고 부추기는 사회에 살고 있다. 무언가를 느끼거나 감정적인 것이 약함이나 결점으로 여겨지기 때문이다. 때로는 자신의 느낌을 표현하는 것이 부적절하고 부적합해 보인다. 특히 감정적 요소가 있는 때는 더 그렇다.

정신과 의사처럼 마음과 감정의 세계에 헌신하는 사람들은 감정을 억누르는 것이 감정을 받아들이지 않는 것과 똑같다는 사실을 알고 있다. 그 눌린 감정들은 잠재의식에 갇히거나 묻혀 있게 된다. 그리고 그것들은 우리 삶의 다른 순간에 다른 방식으로 나타날 수밖에 없고, 결국엔 마음의 균형을 심각하게 망가뜨린다. 분명한 예 중 하나가 여성의 가장 취약한 순간인 임신이나 산욕기에 발생하는 우울증이다.

만일 타인의 생각에 겁먹고, 다른 사람들 눈에 이상하게 보일 거라 불안해하거나, 그것을 표현할 수 없어서 계속 두려워하면 결국 상처를 입을 수밖에 없다. 그런 감정은 차곡차곡 쌓여서 우리를 해롭게 한다. 그것들은 우리 몸과 마음을 어지럽히는 그림자와 같다.

감정을 표현하는 법 배우기

자기감정을 제대로 표현하지 못하는 사람들은 종종 상대방이 상처를 받았다는 사실을 알아주길 바란다. 사실 대부분 비판하거나 상처를 주는 사람들은 악한 의도로 그런 일을 하는 게 아니다. 심지어 자신이 다른 사람들에게 상처를 주는지도 모를 때가 많다. 물론 다른 사람을 화나게 하고 상처 주는 일을 즐기는 사람도 있지만, 그들은 소수이다. 예를 들어, 의도적으로 그러는 사람들은 심각한 성격 장애가 있는 경우이다. 일반적으로 사이코패스라고 하는 반사회적 인격 장애가 있는 사람들은 다른 사람에게 해를 끼치기를 좋아하고 일부러 상처를 입힌다.

한편, 사람들의 말과 행동에 민감하고 취약한 사람들이 있다. 그들은 심리적으로 지나치게 예민해서 조심히 대해야 한다. 작은 일에도 쉽게 기분이 상하기 때문이다.

베아트리스와 루이스의 사례

베아트리스와 루이스는 결혼 6년 차이다. 사이에 세 명의 자녀가 있는데, 첫째는 3살이고 그 아래 1살 쌍둥이가 있다. 루이스는 오랫동안 건축가로 일하면서 여행을 많이 했다. 하지만 심한 경제적 위기를 겪은 후, 일에도 변화가 있었다. 지금은 돈을 많이 벌기 위해서 프리랜서로 공사를 맡고 있다. 그는 직설적이고 충동적이며 빠르고 효율적인 완벽주의자이다. 그는 세부 사항에 주의를 기울이고 모든 것이 잘 되는 걸 좋아한다. 그는 항상 사물을 분명하게 보고 느낌을 바로 표현한다. 베아트리스는 실내장식 전문가이다. 그들은 스페인 북부의 중요한 문화 건물을 리모델링하는 프로젝트에서 만나서 금방 연인이 되었고, 결혼했다. 그녀는 네 자매 중 장녀로 자랐고, 어머니와 여동생들과 아주 친밀했다. 그녀는 늘 매우 예민했다. 그녀의 아버지는 신장병으로 수년 동안 편찮으셔서, 그녀가 항상 모든 일에 어머니를 도왔다. 그녀는 아무도 많이 걱정하지 않도록 모든 나쁜 일을 '삼키는' 편이었다.

그녀는 몇 달간 무기력하고 슬프다며 상담실을 찾아왔다. 그것은 쌍둥이의 탄생과 관련이 있었는데, 아이들이 한 살인데도 아직 목을 가누지 못했다. 그녀는 아무것도 즐길 수 없었고, 하루 중 특정 시간, 루이스가 일하러 갔을 때 방문을 닫고 울었다. 그녀는 자녀들 앞에서는 그런 마음을 감추었다.

집에 돌아온 남편은 돈을 더 버는 게 쉽지 않다며 피곤해하고 짜증을 냈다. 그는 바닥에 있는 장난감과 지저분한 집, 아이들이 우는 것을 보고 빨리 다 정리하고 아이들 저녁을 먹이라고 소리를 질렀고, 거실에서 아무 방해도 받지 않고 뉴스를 보고 싶다고 조용히 해달라고까지 했다.

그녀는 아무 말 없이 집안을 정리하고 청소하고 저녁을 준비했다… 그리고 아이들이 잠이 들면, 그저 울기만 했다. 루이스는 그런 사실을 알지 못한 채 자기 걱정에만 몰두했다. 하지만 그녀는 그에게 한마디도 하지 않았다. 왜냐하면, 말하거나 표현하는 법을 몰랐기 때문이다.

그녀는 이곳에 방문하기 며칠 전에 과민성대장증후군* 진단을 받았다고 했다. 나는 그녀의 가족력에 관한 긴 인터뷰를 했다. 그녀는 자신이 남편이나 가까운 사람과 대면하는 방법을 잘 모르고, 그저 갈등을 피하려고만 한다는 사실을 인정했다. 그녀는 어떤 일에 대해서 아닌 것 같다고 확실하게 대답하거나 말하는 것보다는 조화를 이루는 걸 선호했다. 최근에는 소화기 증상과는 별도로 현기증과 멀미까지 나타났다. 심리적으로 그녀는 전혀 즐겁지 않고, 기억력이 떨어지며, 집중하기가 어렵다는 걸 인정했다.

이후 그녀의 남편과 이야기를 나눴는데, 그는 왜 그녀가 그런 상황에 이르렀는지 이해하지 못했다. 그는 아내가 관대한 편이고 화를 내지 않는 사람이라고 했다. 그는 자신은 폭발적인 성격이지만, 아내는 '감정을 잘 다스린다'고 했다. 나는 표를 통해 그와 그녀의 마음과 감정, 행동이 외부 자극에 어떻게 작동하는지를 각각 설명해주었다. 그녀에게는 그가 소리를 지르고 욱한 후에 상황을, 그리고 그에게는 경제적, 직업적인 이유로 좌절한 이후의 상황을 설명했다. 나는 상대방이 서로를 이해할 수 있도록 두 사람의 성격 표를 함께 보여주고, 관계 개선을 위해 매우 구체적인 지침을

---

* 과민성대장증후군(IBS)의 특징은 복통과 장 리듬의 변화이다. 정서 심리적 요소가 중요한 것으로 알려졌지만, 정확한 메커니즘은 밝혀지지 않았다. 장은 신경 및 호르몬 과정을 통해 다양한 방식으로 뇌와 연결된다. 스트레스, 걱정, 슬픔을 겪으면 이런 수용체가 더 민감해져 증상이 악화한다. 이것은 여성에게 더 많이 일어난다. 3개월 이상 한 달에 3일 이상 복통, 복부 팽만감과 압박감, 가스, 장 리듬의 변화(설사와 변비) 등의 증상이 나타나면 이 병으로 진단한다.

제시했다.

몇 달간 상담을 통해 그녀는 나아졌다. 우선 기분을 좋게 하는 항우울제를 처방하여 신체적 증상을 조절했다. 그리고 루이스에게는 충동적인 순간을 막는 정서안정제를 주었다. 심리치료 후 이들의 관계도 크게 개선되었다. 각자 다른 사람에게 어떻게 대하는지 잘 이해했고, 무엇보다도 더 건강하게 감정을 관리하는 법을 배웠다.

결론적으로, 만일 우리가 자기 느낌을 표현하지 않으면, 상대방은 우리에게 준 피해를 알지 못할 가능성이 크다. 일반적으로 여성은 남성보다 더 예민하다. 왜냐하면, 더 생각이 많고 더 고통을 느끼기 때문이다. 보통 남편들은 시간과 관심, 능력 또는 그것들 모두의 부족으로 대화를 시도하려는 아내의 미묘한 신호를 읽을 수 없어서 상황을 악화시키는 경우가 많다. 남성은 덜 감정적이고 실용적인 것을 추구하는 경향이 있다. 오늘날의 문화에서 여성은 남성보다 사랑하고 느끼며 감정들을 표현하는 방법을 가르칠 수 있는 능력이 더 크다. 물론 모든 것과 마찬가지로 규칙에는 예외가 있지만, 이것은 일반적으로 내가 상담에서 발견한 가장 흔한 관계 역학이다.

그렇다고 머릿속에 가장 먼저 떠오르거나 느끼는 것을 바로 말하는 게 좋다는 뜻은 아니다. 하지만 함께 사는 사람에게 우리를 아프게 하는 것에 대해 말하지 않는 것 또한 건강하지 못하다. 여기에서 중요한 것은 자기감정을 표현해야 하는 상황과 내면의 평화나 관계상의 조화를 위해 표현하지 않는 것이 더 나은 상황 사이에서 균형을 찾는 것이다.

억압된 감정은 어떻게 될까?

이미 우리는 억압된 감정들이 어느 시점에 육체적 또는 정신적 질병의 형태로 뒷문을 통해 돌아온다는 걸 안다. '신경증인' 사람들은 건강하게 자기감정을 관리할 수 없고 과거에 갇혀있다. 그들은 극복하지 못하거나 잘 소화되지 않은 사건, 생각 또는 감정에 짓눌려 병적이고 지친 사람이 된다. 우리는 긍정적 감정이 어떻게 장수와 질병 예방이나 치료에 도움이 되는지 살펴보았다. 이와 반대로 부정적 감정은 질병을 유발하기 쉽다.

에밀리오의 사례

에밀리오는 열네 살짜리 딸의 치료를 알아보기 위해 내 상담실에 방문했다. 딸아이는 왕따를 당해서 정신 문제를 겪었고 행동 변화로 몇 달간 내 치료를 받았다.

처음에 그는 아내와 함께 상담에 오기를 꺼렸다. 딸에게 치료가 필요 없고, 모든 심리학과 관련된 건 불합리하고 쓸데없는 짓이라고 여겼기 때문이다. 그는 내게 차갑게 인사하고 앉았다. 보통 이런 경우에 나는 편안한 분위기라는 느낌이 들 때까지 시시콜

콜한 이야기를 나눈다. 몇 분 후 나는 딸에 대해 말하면서, 그녀가 아빠를 얼마나 존경하고 사랑하는지 이야기하기 시작했다. 그러자 갑자기 그의 목소리가 살짝 흔들렸고, 그는 바로 주제를 바꾸었다.

"감정이 좀 흔들리셨나요?" 나는 그에게 물었다.

"저는 억지로 감정적이 되거나 느끼는 걸 별로 안 좋아합니다. 그건 약하단 표시니까요. 감성적인 건 제 삶과 거리가 멀어요."

"아! 크게 오해하고 계시는군요. 감성과 감정은 똑같지 않아요."

그날 이후, 매우 흥미로운 치료가 시작되었다. 우리는 그가 살아온 이야기를 함께 살펴보았다. 그는 미국계 아버지와 스페인계 어머니 사이에서 태어났고 가정은 부유했다. 하지만 그의 어머니는 차갑고 감정이 메마른 편이어서 집에서는 애정 표현이 허용되지 않았다. 집에서 그녀는 그에게 단 한 번도 "사랑해."라는 말을 포함해 사랑스러운 몸짓과 쓰다듬음, 포옹을 해주지 않았다.

그가 어렸을 때 많은 이야기를 나누던 이웃은 있었지만, 다른 도시로 이사하고 나서는 그 누구도 깊게 신뢰하지 않게 되었다. 신기하게도 그는 30년 넘게 보지 못했던 그 이웃에 대해 이야기하면서 감정에 복받쳐 울음을 터뜨렸다. 나는 이미 그에게 상담실에서는 아무도 평가하거나 비난하지 않기 때문에 가장 울기 좋은 장소라고 일러두었다. 눈물은 괴로움에서 벗어나는 강력한 원천이다.

울면 무슨 일이 일어날까?

우선 인간만이 감정적 동기로 우는 유일한 종(種)이라는 사실을 잊지 말자. 누군가 다른 사람이 우는 모습을 볼 때, 내면에서 감정이나 친화적 행동이 활성화되어 다른 사람과 공감하는 경우가 많다. 따라서 역사의 어느 시점, 호모 사피엔스의 진화에서 눈물은 감정 상태를 표현하는 중요한 방법이 되었다고 생각해도 과언이 아니다.

우리 몸은 매년 평균적으로 100리터 이상의 눈물을 만들어 낸다. 우리 중에는 언제 마지막으로 울었는지 기억도 나지 않는 사람들이 있고, 그것을 보상이라도 하듯 수십 리터의 눈물을 흘리는 사람들도 있다.

눈물에는 세 가지 유형이 있다. 기초 눈물(눈의 수분을 유지하는 역할), 보호 눈물(신체적 공격과 먼지, 가스 등이 있을 때 보호 역할), 그리고 감정적 눈물이다.

감정적 눈물은 신체가 슬픔과 고뇌, 위험 같은 경계 상태를 인식하고 그것에 대한 반응으로 눈에 눈물을 보낼 때 활성화된다. 그럴 때 심박수가 증가하고 뺨이 붉어진다.

맘껏 울기의 좋은 점

2013년 일본에서 '루이카스'*라는 치료법이 시작되었다. 일본은 문화적, 역사적 이유로 감성 분야 교육이 가장 적은 국가 중 하나이다. 이 기술은 긴장감과 억눌린 감정을 풀어주고 균형을 회복하는 데 도움이 된다.

이것은 울음을 기반으로 한 집단 요법으로 사람들에게 혼자 우는 것을 피하라고 권한다. 혼자서 우는 것은 울면서 계속 혼자 있으려고 하는 우울 상태와 비슷하기 때문이다. 2013년에 처음 루이카스를 만든 사람은 일본인 어부, 테라이 히로키Hiroki Terai였다.

그 치료법 과정은 다음과 같다. 우선 약 20~30명의 사람이 함께 방에 모이고, 이들이 울기 시작할 때까지 매우 감성적인 비디오, 광고 또는 단편 영화가 상영된다. 소요 시간은 약 40분 정도이다. 이 과정을 거치고 나면 사람들의 마음이 후련하고 개운해지며, 확실히 기분이 좋아진다.

몇 년 전 연구원인 윌리엄 프레이William Frey는 극심한 고통이나 슬픔으로 격렬하게 울 때 나오는 눈물의 생화학적 성분을 연구했다. 그 안에서 높은 코르티솔 수치를 발견했다. 이것이 한바탕 울고 나면 해방감을 느끼는 이유이다. 상당한 양의 코르티솔이 빠

---

* 누활(淚活): 의도적으로 눈물을 흘림으로써 스트레스 해소를 도모하는 활동.

져나오면서 긴장과 불안이 해소된다.

감정을 차단하는 주요 심리적 증상

감정이 육체적 질병으로 변할 때 우리는 그것을 심신증이라고 부른다. 심신증은 마음에서 발생하지만, 신체에 영향을 미치는 질환이다. 우리가 부끄럽거나 수치스러운 상황을 겪으면 볼이 빨개진다. 그것은 무의식적인 반응이며 의식적으로 애쓴다고 바꿀 수 있는 게 아니다. 두 사람이 논쟁을 벌이다가 혈압이 올라갈 수도 있다. 또한, 시험 또는 발표 전에 빠른 심장 박동과 다한증(과도한 땀)을 경험할 수 있다.

보통 만성 스트레스와 불안 또는 우울증으로 고통 받는 사람들에는 편두통과 등 통증, 근수축, 위장 장애, 현기증, 멀미, 저림과 같은 신체적 증상이 나타난다. 문제는 외과수술이 필요한 위궤양부터 신경질환이나 종양 질병까지 심각한 질병이 발생할 때이다.

주요 심신증은 다음과 같다.
- 신경계 관련: 편두통, 두통, 현기증, 메스꺼움, 저림(감각 이상) 및 근육 마비
- 감각계 관련: 복시물체가 2개로 보이거나 그림자가 생겨 이중으로 보임—역주, 일시적 실명, 실성증발성기관의 질환이나 기능장애 때문에 목소리가 나오지 않음 —역주

- 심혈관계 관련: 빈맥과 심계항진심장 박동을 불편하게 느끼는 증상—역주
- 호흡계 관련: 가슴 압박감과 숨 가쁨
- 위장계 관련: 설사, 변비, 역류, 속쓰림, 인두염, 삼킴 곤란

우리가 병에 걸리기 훨씬 전에 몸은 불편함과 약함 또는 통증의 형태로 우리에게 경고 신호를 보낸다는 사실을 잊지 말자. 이처럼 질병은 몸이 우리와 의사소통을 멈추지 않고 균형과 평화를 이루려고 보내는 메시지이다.

모든 것이 매우 빠르게 발전하는 속도와 서두름의 시대에 사는 우리는 내부와 연결되지 못하고, 몸이 제대로 작동하지 않는다는 것을 경고하는 메시지에 대해 알지 못하거나 무시한다. 이런 지표들은 추가 질병을 예방하거나 적어도 증상 악화를 막는 데 중요하다.

우리 신체에는 두 가지 기능이 있다. 그중 하나가 우리 마음이 말하는 모든 것을 듣는 것이고, 또 다른 하나는 고통과 불편, 심리적 불안 또는 장애를 통해 우리에게 말하는 것이다.

나는 종종 불안이 '마음과 영혼의 열'이라고 말한다. 이것은 우리의 환경이 적대적이거나 우리 몸이 감당할 수 없는 과도한 활동, 감정 또는 상황에 노출되어 있다는 경고이다. 따라서 이런 불편이나 고통의 과정은(각자 자신의 불편과 고통을 안다!) 무엇이 해를 끼치는지, 위협을 가하는지, 또는 몸과 마음이 감당하기 힘든 것인지 알아채라고 우리에게 소리치는 것이다.

그런 징후를 무시하는 것은 건강 악화와
불균형을 향한 첫 단계이다.

잠시 시간을 내어서 우리 삶을 분석하고, 이루고자 하는 목표와 목적에 관해 생각해야 한다. 자기 몸을 관찰하고 느끼며 몸이 보내는 신호를 알아보고 원인을 살펴보도록 하자. 때때로 전문가와 의사 또는 마음과 몸을 연결할 줄 아는 사람의 도움을 받는 것도 좋다.

과학은 감정과 관련된 질병들에 대해서 분명하게 말해준다. 피부학에서는 분노와 좌절, 불안 또는 죄책감을 경험하는 환자에게 특정 피부 질환이 우세하다는 사실을 확인했다. 심장학에서는 공격적이고 경쟁적인 사람들 또는 크로노패시chronopathy: 효율적인 시간 활용에 대한 집착—역주가 심한 사람들에게 심장 마비가 더 자주 나타난다는 사실을 증명했다. 위장병학에서는 시험이나 면접 때문에 생기는 불안 같은 감정과 소화 궤양, 위장 질환 사이에 상관관계를 포착했다. 그러나 의심할 여지없이, 심신 관계가 가장 깊은 영향을 끼치는 것은 종양학 분야이다.

미국의 임상 심리학자인 로렌스 레샨Lawrence LeShan은 500명 이상의 암 환자의 삶을 분석한 결과 우울증과 암 발생 사이에 매우 중요한 관계를 밝혀냈다. 연구 대상자 중 대다수가 가까운 관계가 깨졌을 때 패배감을 느꼈고, 그런 감정을 억누르려고 노력했다. 이런 억압된 감정은 신경 호르몬 균형을 깨뜨리고 면역 반응에 역효과를 나타냈다. 종양 주제에 대해서는 나중에 좀 더 자세히 이야기할 것이다.

토마스의 사례

내 상담실을 찾아온 토마스는 열여섯 살 소년이다. 그는 세 형제 중 맏이였다. 모범생인 그는 아버지는 건축가이고 어머니는 주부이다. 그는 1년 반 동안 시력 문제를 겪었다. 모든 일은 어느 날 교실에서 칠판이 흐릿하게 보이면서 시작되었다. 그는 선생님께 이 사실을 알리고 오후에 어머니와 함께 응급실로 갔다. 그는 조절경련이라는 진단을 받았다. 병원에서는 눈에 약을 몇 방울 넣어주고 집으로 보냈다. 그리고 며칠 동안 조금 나아지는 듯했지만, 수업 도중에 아무것도 보이지 않았다. 그들은 다른 전문가에게 이차 소견을 요청했다. 여러 검사를 했지만, 상황은 계속 나빠졌다. 근시 수치는 검사마다 바뀌었고 원인도 명확하지 않았다. 신경과 전문의를 포함한 여러 전문의를 찾아가서 MRI 검사도 받았지만, 결과는 완전히 정상으로 나왔다. 그래서 결국은 정신과 검진을 받기로 했다. 나는 토마스가 '보이지 않는다.'라는 사실을 알고도 너무 차분해서 놀랐다. 정신과 의사는 이것을 '만족스러운무관심la belle indifference'이라고 부른다. 그는 보이지 않는데 익숙해져서 별로 신경 쓰지 않는다고 했다. 나는 부모와 상담을 하면서 토마스가 매우 엄격한 완벽주의자라는 사실을 알게되었다. 그는 자기 자신에 대한 요구치가 높고 실수를 허용하지 않았다. 그리고 학교에서 더 앞서나가기 위해서 선행학습을 했으며, 늘 자신의 나이와 성숙 수준보다 더 많은 것을 '보고 싶어' 했다. 그래서 그의 몸은 그에게 급브레이크를 걸었던 것이다. 즉, 보지 못하게 막았다. 그는 몇 달 동안 치료를 받았고, 우리는 자신을 인식하고 감정을 관리하는 방법을 찾아갔다. 조금씩 그는 시력을 되찾았고 다시는 같은 문제가 생기지 않았다.

우리는 심리적인 이유로 말하거나 보거나 심지어 걷는 것을 멈추는 사람들의 경우를 많이 알고 있다. 몸은 현명하다. 불현듯 나의 첫 번째 응급환자 중 한 명이 떠오르는데, 그녀는 직장에서 갑자기 걷지 못하게 된 38세 여성이었다. 외상학자와 신경학자들은 그것이 신체 문제는 아니라는 결론을 내렸다. 결국 그녀는 정신과 진료를 받게 되었고, 여러 상담과 치료를 받은 후 움직일 수 있게 되었다. 내가 몸과 마음의 관계를 깊이 연구하고 싶은 마음을 불러일으킨 계기 중 하나였다.

건강의 핵심 요소인 태도

이번 장에서 우리는 기분과 현실 해석과 건강에 있어서 생각의 중요성을 이야기하고 있다. 건전하고 적절한 태도는 우리가 이용할 수 있는 가장 강력한 자연 치료제임에도, 사람들은 이 사실을 별로 신경 쓰지 않는 것 같다. 의대 공부를 하는 6년 동안, 나도 이 주제에 관한 내용은 거의 다루지 않았다. 하지만 의사들은 환자의 예후에서 태도의 중요성을 잘 알고 있다. 임상 정보에 따르면, 가족, 친구, 치료에 참여한 의료진 같이 가까운 사람들의 긍정적인 감정과 정서적 지원은 확실한 치유력을 나타낸다. 예를 들어 관상동맥 질환에서 그 환자가 느끼고 인식하거나 믿는 것이 식이 요법이나 습관만큼이나 큰 영향을 줄 수 있다.

미국의 심장내과 의사인 마이어 프리드먼Meyer Friedman과 레이 로젠먼Ray Rosenman은 10년 동안 3,500명의 남성을 대상으로 연구를 진행했다. 먼저 두 집단으로 나뉘었는데, A 집단은 더 경직되고 참을성이 없으며 시간에 집착했고, B 집단은 더 침착하고 차분했다. 이 예비 분류 후, 그들은 피험자들의 건강 상태, 흡연 여부, 운동량, 혈중 콜레스테롤 수치를 측정하고 식단을 분석했다. 그런 다음 대상자들의 변화를 지켜보았다. 10년 동안 신체적으로 건강한 피험자 중 250명 이상이 심장 마비를 겪었다. 식이 요법과 신체 활동을 기반으로 한 자료로는 결과를 예측할 수가 없었다. 무슨 일이 일어날지 예측할 수 있는 자료, 즉 진단 가치가 있는 유일한 자료는 피험자들의 성향이었다. A 집단은 흡연과 식이 요법, 운동과 관계없이 B 집단보다 심장 마비 발생률이 3배나 높았다.

그렇다면… 암은 어떨까?

암은 스트레스와 감정들과 어떤 관계가 있어 보인다. 그 과정은 명확하지 않지만, 점점 더 많은 과학자가 감정이나 스트레스가 암 발병의 위험 요소가 될 수 있다고 직관한다. 당연히 암 발생에는 다양하고 복잡한 원인이 있다. 아직은 감정과 암의 직접적 연관성을 다루는 진지한 연구가 이루어지지 않았다. 하지만 우리는 주변에서 삶에서 엄청난 고통을 겪다가, 어느 날 심각한 병에 걸렸다고 망연자실한 사람들을 많이 볼 수 있다. 그리고 그런 이야기를 들을 때 우리는 맘속으로 '그렇게 고생하더니 결국은 병에 걸렸어!'라고 생각할 뿐, 그리 놀라지 않는다….

유행병 전문가인 데이비드 배티David Batty 박사는 런던 대학, 에든버러 대학, 시드니 대학과 함께 한 연구에서 12년에 걸쳐 수행된 16건의 조사를 분석했다. 연구 대상자들은 총 163,363명이고, 이 중 암으로 사망한 사람은 4,353명이었다. 여기에서는 일부 암 발생과 호르몬 성분 및 생활 방식 간의 연관성을 조사했다. 우리는 우울증이 있으면 코르티솔 수치가 높아지고 호르몬 불균형이 일어난다는 사실을 알고 있다. 이것은 적절한 DNA 복구를 막고, 적절한 면역 체계 기능을 억제한다. 연구 결과 우울과 불안이 있는 사람들은 대장암 발병률이 80% 더 높았고, 췌장암 및 식도암 발병률은 2배 더 높았다. 이 결과를 주의 깊게 보아야 한다. 여기에서 중요한 사실을 잊지 말자. 불안하고 우울한 사람들은 흡연과 음주, 비만 비율이 높다. 이 세 가지가 가장 많이 발견되고 연구되는 암의 요인들이다.

암은 환경과 식이, 해로운 습관, 유전학 등 여러 원인과 관련 있지만, 감정적 원인이 점점 중요하게 대두되고 있다. 따라서 암이 생기려면 몇 가지 요인이 함께 수반되어야 한다.

우리가 이미 이야기한 코르티솔은 시간이 지남에 따라 비정상적으로 높게 유지되는 호르몬으로 신체 세포에 해로운 염증을 유발한다. 2017년 7월 얼마 전까지도 바르셀로나 병원 클리닉 서비스의 책임자였던 페레 가스콘Pere Gascón 박사는 인터뷰에서 "만성 정서적 스트레스가 암 진행의 시작이 될 수 있다."라고 인정했다. 이 종양학자는 정신신경계와 암 관계 연구 분야에서 가장 인정받는 연구자 중 한 명이다. 이 이론을 간단하게 설명해보도록 하자. 우선, 모든 암 질환에는 매우 복잡한 과정이 있음을 잊지 말아야한다. 하지만 몇 가지 간단한 내용을 살펴보기만 해도 이 주제를 이해하는 데 도움이 되고, 그 결과 신체가 특정 자극에 어떻게 반응하는지와 정신 균형의 중요성을 전반적으로 알 수 있으리라 생각한다.

아는 것처럼 코르티솔은 프로스타글란딘과 사이토카인 등의 물질을 방출하여 염증을 일으키고, 만성 스트레스 상황에서 활성화된다. 반면에 암은 신체의 일부 영역에 정착하고 성장하는 악성 세포들이다. 암의 경우, 종양이 어딘가에 자리 잡으면 면역 체계(신체의 방어)가 그 종양에 대한 공격을 중단하고, '같은 편'이된다.

예를 들어, 백혈구의 하위 유형인 대식세포는 체내 모든 조직에 분포하여 면역을 담당하는데 우리 몸의 이물질을 삼키는 역할을 한다. 그것들은 신체 방어 시스템의 일부로서 반사적 본능적 반응을 보인다. 암일 경우, 그들은 본래 기능을 멈추고 '암세포를 위해' 일한다. 즉, 신체의 면역 체계가 스스로를 자동 공격하는 것이다.

우리 몸에는 나이와 성별 등에 따라 50억~200조 개의 세포가 있다. 세포가 살아가는 환경은 혈액이다. 따라서 혈액의 구성은 세포의 운명에 결정적인 역할을 한다. 그렇다면 누가 혈액을 통제할까? 이전 장에서 살펴보았듯이, 신경 호르몬계가 그 열쇠를 쥐고 있다. 흥미로운 연구 결과가 있는데, 세포를 해로운 환경으로 가져가면 질병이 발생한다. 그리고 그것을 건강한 환경에 두면 건강해진다. 또한, 세포 환경뿐만 아니라 세포막이 받는 정보도 중요한 역할을 한다.

> 우리 세포에 일어나는 일처럼, 만약 어떤 사람이 해로운 환경이나 불리한 상황에 자주 노출되면 병에 걸리기 쉽다.

단! 건강한 환경에 있음에도 불구하고 머리가 그것을 위협의 장소로 해석한다면, 경계하게 되고, 마치 해로운 환경에 있는 것처럼 몸과 혈액 구성이 변한다. 우리 뇌와 몸이 실제와 상상을 구별하지 않는다는 사실을 꼭 기억하자. 어느 정도 정상적인 환경과 상황에 있는데도 계속 경계하는 사람들이 있다. 그런 사람들은 자기 상황에 잘못 접근하기 때문에 신체적으로나 심리적으로 해로운 긴장 상태에 빠지게 된다.

만일 우리가 현실을 해석하는 방식을 바꿀 수 있다면… 현실도 바뀐다. 행복은 나의 현실 해석에 달려있다! 너무 가혹하게 자신을 판단하지 말고, 자신이나 주변 환경에 대한 내 신념의 변화를 받아들이는 것이 중요하다. 따라서 긍정적으로 생각하거나, 의도적으로 위약 효과를 활용하면 몸과 마음에 영향을 줄 수 있다.

전이 과정에는
무슨 일이 일어날까?

이제 좀처럼 헤어 나오기 힘든 위험한 상황에 대해서 살펴보도록 하자. 환자의 예후와 생존을 결정하는 종양의 전파 과정인 전이는 종종 무증상의 만성 염증이 있는 곳에서 발생한다. 즉, 암은 염증이 있는 핵에서 확산, 발달, 진행된다. 이것이 암의 미세 환경을 이루는데, 암이 자리 잡고 확장하는 데 '가장 편안하다'라고 느끼는 영역이다. 모든 염증이 암을 일으킬 정도로 위험한 건 아니다. 감기(편도선 염증)와 찢어진 인대(근육 염증)도 염증이지만 그 종류가 다르다. 흡연자가 담배를 피울 때마다 기관지 세포는 손상되고 해당 부위에 만성 염증이 생긴다. 이 염증은 해당 영역을 방어하고 보호하기 위해 발생한다. 이것은 원칙적으로 건강하고 좋은 염증이다. 그러나 흡연 습관과 그에 따른 염증이 시간이 지나도 계속 그대로라면, 게다가 폐암 가족력이 있고 마침내 심각한 정서적 문제라는 '폭약 칵테일'이 추가된다면, 그 사람은 암이라는 심각한 질병에 걸릴 수 있다. 물론 모든 흡연자가 암에 걸리는 건 아니지만, 우리는 담배가 암 발생 과정의 강력한 활성화제라는 사실을 알고 있다. 이러한 이유로 건강 검진을 할 때 흡연 기간을 꼭 물어본다. 즉, 흡연하면서 생긴 모든 염증 과정과 끊임없이 받은 공격에서 몸이 회복할 수 있는 기간을 확인하는 것이다.

이런 연구로 놀라운 결과가 나왔는데, 암세포와 신경계 사이에 직접적인 연관이 있음이 밝혀졌다. 즉, 종양 세포에는 아드레날린이나 코르티솔과 같은 뇌와 관련된 물질에 대한 수용체가 있다. 감정과 강한 스트레스는 신체를 변화시킬 뿐 아니라, 암세포에도 영향을 미친다. 암과 마음, 즉 신경계와 감정계 사이에는 직접적인 의사소통이 일어난다.

이 설명은 독자들을 기운 빠지게 하거나 혼란에 빠뜨리기 위한 것이 아니다. 오히려 가장 심각하고 통제하기 어려운 질병과 마음 사이의 깊은 연관성을 이해하는 데 도움을 주고자 함이다.

암은 면역계와 깊은 관련이 있다. 만성적으로 스트레스와 걱정, 슬픔 및 트라우마가 많은 상황에서는 면역력이 낮아지고 심각한 질병의 발병률은 높아진다. 이러한 해로운 감정 상태는 잠재적 염증 상태로 생화학적, 생리학적인 영역에서 발견된다.

요컨대 이런 해로운 감정들이 바로 암을 유발하는 건 아니다. 하지만 만성적인 정서적 스트레스는 암을 일으키는 원인을 촉진하고 활성화할 수 있다. 그렇다면 정서적 스트레스의 원인은 무엇일까? 바로 외로움과 아픈 가족 구성원, 환경과의 나쁜 관계, 해결되지 않은 트라우마, 큰 슬픔 또는 업무나 금전 문제들이다.

우리의 생각을 잘 관리하는 능력이 있다면, 신체의 염증 수치를 조절할 엄청난 잠재력을 가지고 있다는 뜻이다.

올바른 감정 관리를 위한 간단한 지침

1. 자신을 알라.

당신을 혼란스럽게 만드는 원인을 이해하는 법을 배워야 한다. 늘 자기감정을 차단한다면 특정 문제의 원인을 찾기가 더 어려워진다. 어떤 경우든 이해하려고 노력하고, 관련 내용을 꿰뚫어 보며 도와줄 수 있는 사람에게 도움을 구하라. 첫걸음을 내딛는 것이 가장 중요하다.

2. 자기감정을 확인하라.

당신이 느끼는 감정에 이름을 붙여보라. 분노와 격노가 다르고, 기쁨과 감동도 다르다. 그렇게 할 때 사실에 근거해서 하고, 해로운 감정들은 극대화하지 말라. 이런 분석은 당신의 몸에 직접적인 영향을 미친다.

3. 분명하게 자기 의사를 표현하라.

상처받지 말고, 분명한 자기 생각을 표현하라. 자기감정을 억누르지 말고, 믿을만한 사람에게 이야기하라. 자신을 표현하는 법을 배우되 조심하라. 한번 뱉은 말은 주워 담을 수 없기 때문이다. 그리고 조금씩 천천히 가라. 당신의 짐을 덜어내고 내면의 평화와 균형을 회복할 수 있어야 한다.

4. '당신의 최고 버전'이 되는 데 두려워하지 말라.

당신 안에서 가장 소중한 것을 꺼내는 법을 배우라. 자기감정을 무시하는 사람은 결국 자신의 최악의 버전이 되거나, 그 어떤 것에도 기대감이 없는 둔감한 사람이 된다.

5. 타인이 당신에게 끼치는 영향에 제한을 두라.

언제든 당신을 화나게 만들 수 있는 유해한 사람을 구분하는 법을 배워라. 그 누구도 당신 내면의 균형을 망가뜨릴 수 없고, 그렇게 하는 사람과는 거리를 두어야 한다.

우리는 살면서 혐오감이나 무력감을 경험하고, 불안, 낙담, 좌절, 분노를 느낀다. 하지만 이런 부정적인 감정들이 건강에 유익할 때도 있다. 우리 주변의 좋지 않은 일을 경고해서 바꾸도록 동기를 부여하고, 그것을 통해 정신적으로나 육체적으로 균형을 회복시키기 때문이다. 문제는 부정적인 감정이 만성화되어 마음 상태를 영구적으로 변화시킬 때 발생한다.

우리가 생각하고 느끼는 방식이 삶의 질과 양을 결정한다.

텔로미어(telomeres)

미국 생물학자이자 유전학자인 허먼 조지프 멀러Hermann Joseph Muller가 1930년대에 발견한 텔로미어는 염색체의 말단에 자리 잡고 있다. 이것의 주요 기능은 염색체의 구조적 안정성에 관여해서 서로 얽히고 달라붙는 것을 방지하는 것이다. 이것이 바로 세포 분열의 핵심이다. 따라서 이것은 암과 밀접한 관련이 있다. 종양 질환에는 세포의 비정상적인 분열이 일어난다는 걸 잊지 말자.

텔로미어는 세포가 죽기 전에 분열할 수 있는 횟수를 정하기 때문에 '세포의 노화 시계'로 불린다.

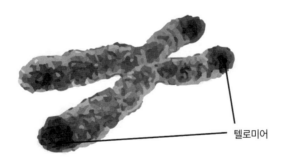

텔로미어

1948년 호주 태즈메이니아의 섬에서 태어난 미국 생화학자 엘리자베스 블랙번Elizabeth Blackburn은 1975년 케임브리지 대학에서 분자생물학 박사 학위를 취득한 후, 예일 대학에서 처음으로 염색체의 텔로미어 연구를 시작했고, 이후에는 버클리에 있는 캘리포니아 대학에서 연구를 이어갔다. 텔로미어를 연구한 그녀는 1984년에 새로운 효소인 텔로머레이스를 발견했다. 그녀는 세포 분열을 연구하기 위해 인공 텔로미어를 만들기 시작했다. 그리고 텔로머레이스 수치가 낮을수록 텔로미어가 더 작아지므로, 가능한 세포 분열의 수가 감소하고 질병과 노화의 위험이 커진다는 사실을 발견했다. 또한, 부정적인 습관은 텔로미어 길이에 영향을 주었다. 여기에서 부정적인 습관이란 스트레스와 식습관, 비만, 좌식 생활 방식, 외로움, 오염 또는 수면 문제를 말한다.

그녀는 특정 집단(심각한 신경계 질환이 있는 어린이의 어머니들)의 텔로머레이스를 연구했다. 관찰에 따르면, 외로움을 느끼는 사람들은 텔로미어 수치가 낮고, 텔로머레이스가 감소했다. 따라서 그들의 기대 수명은 같은 나이의 여성보다 훨씬 낮았다. 그녀는 또한 놀라운 사실을 발견했는데, 감정을 나누며 서로 의지하고 이해하는 여성들의 텔로머레이스 수치가 높았고, 그 결과 텔로미어도 길어졌다. 그녀는 텔로머레이스 연구로 공동 연구자인 캐럴 그라이더(Carol W. Greider), 잭 조스택(Jack W. Szostack)과 함께 2009년 노벨생리의학상을 수상했다.

제2장의 로버트 월딩거 연구에서 보았듯이, 외로움은 우울증뿐만 아니라 텔로미어를 짧게 만드는 노화의 위험 요소이므로 건강에 좋지 않다!

어떻게 하면 더 많은 텔로머레이스를 분비하고 텔로미어 길이를 늘일 수 있을까? 현재, 텔로미어 연장을 위해 텔로머레이스 분비를 촉진하는 방법에 대한 첫 번째 연구가 이루어지고 있다. 여기에서 운동, 식이 요법, 마음챙김(mindfulness)이 긍정적인 효과가 있다는 사실이 알려졌다. 2017년, 나는 세계에서 가장 중요한 연구 중 하나로 평가받는 텔로머레이스 수치와 텔로미어 측정에 기분과 감정이 끼치는 영향에 관한 연구를 시작했다. 그 실험의 목적은 만성적으로 높은 코르티솔 수치가 텔로머레이스 수치를 억제하는가와 불안 감정이 텔로미어 길이를 짧게 하는가를 확인하는 것이다. 이 연구가 끝나면 발표할 만한 흥미로운 결과가 나올 거라고 확신한다.

코르티솔 증가 요인과
태도

☺

살다 보면 정상적인 코르티솔 수치를 변화시켜 혼란스럽게 하고 해를 끼치는 많은 상황이 있다. 우리는 광적인 속도로 일하고, 뉴스와 유행을 만들어내며, 미친 듯이 여행하고 즐기며 쉬는 사회에 함몰되어 살아간다. 그리고 때때로 그 속도를 따라갈 수 없어서 '고장이 난다.' 우리에겐 완벽주의자 되기 같은 '정서적 신화들'이 있는데, 이것들은 생각하는 것보다 몸에 훨씬 해로운 영향을 끼친다.

우리가 꼭 기억해야 할 중요한 사실은, 만성 스트레스는 몸과 마음을 상하게 한다는 점이다. 반면에 유스트레스(좋은 스트레스)는 도전이나 위협이 있을 때 활성화된다. 따라서 이것은 우리가 최선의 해결책을 찾는 데 도움이 된다. 어떤 일을 하다 보면 압박 속에서 두 배나 더 많이 해야 할 때가 있다. 그 전형적인 예가 바로 시험 전날 밤이다. 그럴 때는 갑자기 뇌가 이전의 모든 날을 합친 것보다 더 많은 내용을 기억한다. 왜일까? 소량의 코르티솔은 집중력과 효율적인 업무수행 능력을 향상하고, 도전 앞에 더 집중하는 데 도움이 되기 때문이다. 그러나 우리가 늘 이런 고통 아래 있을 수는 없다. 왜냐하면 그것은 결국 독성이 되고 우리를 지치게 하며 병을 일으키기 때문이다. 만성적으로 코르티솔을 증가시키는 몇 가지 상황을 분석해보자.

통제력 상실에 대한 두려움

알베르토의 사례

알베르토는 다국적 기업의 커뮤니케이션 임원으로 멕시코 지사 발령을 받았다. 떠나기 전, 상담실을 찾아온 그는 슬퍼 보였는데, 그 이유는 알지 못했다. 이틀 후에 떠날 것이므로 자신의 이런 상황이 일시적인 것인지 아닌지 이메일로 답장을 달라고 했다. 그의 사례를 연구하면서 나는 그가 자신의 삶, 그러니까 느끼고 표현하는 것 또는 다른 사람에게 자신을 보여주는 것을 지나치게 통제하는 사람임을 깨달았다. 배우자와의 관계는 감정적 관계라기보다 업무 관계에 가까웠다. 둘 다 일로나 정서적으로나 임원급이었다. 그들은 일이 너무 바빠서 자녀를 가질 시간이 없었고, 아이를 원하지도 않았다. 그들은 힘든 순간을 내색하지 않았고, 항상 거의 완벽한 미소를 지었다. 알베르토는 지위를 유지하며 자신을 통제했고, 아무도 그를 건드리거나 화나게 하지 않았다. 내가 그에게 슬픔의 원인을 물어보자, 이렇게 대답했다.

"전혀 없어요. 슬픔은 약한 사람들이나 느끼는 거죠."

질문을 이어갔다.

"그러면 당신은 어떤 일에 마음이 움직이죠?"

그러자 그가 대답했다.

"아마도 아버지와 이야기하고 그와 시간을 보내는 게 아닐까 싶네요."

그는 내가 이런 질문들을 할 때마다 대답이 모호했다. 그는 내게 말해주는 내용을 절대적으로 통제하려고 노력했다. 그리고 별로 만족스럽지 않으면, 미소를 지었다. 항상 매우 정확했다. 그래서 상담을 마치고 헤어지기 전에 나는 그에게 이렇게 말했다.

"만일 계속 이런 식이면, 당신은 무너질 거예요. 끊임없이 자신을 통제하는 사람은 어느 순간에는 무너지고 말거든요."

몇 달 후 나는 그가 잘 지내고 있고, 휴가를 맞아 스페인으로 돌아올 거라는 이메일을 받았다. 스페인에 왔을 때, 원하면 상담하러 오라고 했지만, 그는 이제 편안해져서 더는 상담을 받을 필요가 없다고 했다.

그리고 7월 어느 날, 다른 환자와 상담 중에 알베르토로부터 아주 긴급한 전화가 왔다. 간호사에게 그 소식을 전해들은 나는 하고 있던 상담을 잠시 중단하고 그와 통화를 했다. 수화기 건너편에서 긴장한 채 가쁜 숨을 쉬던 알베르토는 자신에게 이상한 일이 벌어져서 혼란스럽다고 했다.

"저희는 지금 휴가 중이라 말라가에 와있어요. 오늘 아침에 택시를 탔는데, 기분이 안 좋기 시작하더니 제대로 숨을 쉴 수가 없었어요."

그는 현기증과 떨림, 발한, 통제력 상실감, 그리고 계속되는 심한 고통과 함께 멀미가 나서 즉시 택시에서 내려야 했다. 그는 공황 발작을 겪고 있었다.

그가 계속 말을 할 수 없어서 아내가 대신 전화로 그 상황을 해결하기 위해 계속 도움을 요청했다. 그녀는 그 일이 '심리적인 것'에 불과하다며 대수롭지 않게 생각했지만, 나는 빨리 응급실로 갈 수 있도록 구급차를 부르라고 했다.

병원에서 그녀가 다시 전화를 걸었다. 의사들이 약을 먹으라고 권했지만, 알베르토는 그것을 거부한다고 했다. 항상 정확하고 균형 잡힌 그로서는 그 약이 자기 생각과 행동에 통제력을 잃게 할 거라는 끔찍한 두려움을 갖고 있었다. 나는 그에게 스스로 조절하고 편안해지기 위해서는 약을 먹어야 한다고 설명하면서 안심시키려고 노력했지만, 그는 완강히 거부했다. 잠시 후 그의 아내는 응급실 의사가 그의 긴장을 풀어주기 위해 불안 완화제를 주사했다고 말했다. 그는 퇴원하자마자 종합적인 치료를 위해 상담을 받으러 마드리드로 오고 싶어 했다.

며칠 후 그는 마드리드의 내 상담실을 찾아왔다. 그는 불안과 경계가 심하고 긴장감과 지속되는 고통 때문에 실제로 밖에 나갈 수 없는 상황이었다. 나는 공포와 괴로움의 회로를 차단하는 벤조디아제핀 같은 정맥투여 약물로 치료를 시작했다. 나는 그에게 일어난 일과 그 상태에 이르게 한 생리적, 정서적 메커니즘을 정확하게 설명해주었다. 나는 그가 다시 공황 발작을 일으킬 경우를 대비해 '비상약'을 주며, 복용하면 몇 분 안에 효과가 있을 거라고 설명했다. 그는 이 알약 덕분에 '주머니 속 마음의 평화'와 함께 여행하고 회의에도 갈 수 있게 되었다.

그는 약물 때문에 자기 삶을 자신이 통제할 수 없게 될 거라는 두려움이 매우 컸다. 그래서 나는 알약을 먹을 때마다 노트에 다음의 문구를 적으라고 시켰다. 그의 아내도 그 문구를 지니고 있다.

'내게는 아무 일도 일어나지 않아.' '나는 통제력이나 정체성을 잃지 않을 거야.' '나는 여전히 나야.' '알약은 효과가 있어.' '힘내자.' '이런 느낌은 신경 쓰지 말고 과도하게 분석하지 말자.'….

15일이 지난 후 상태가 좀 더 안정되어서, 경구 투약 약물로 바꾸고 심리치료를 시작했다. 그리고 제4장에 나오는 성격 모델을 통해, 그의 성격과 공황 발작의 명백한 원인을 설명했다. 나는 코르티솔이 어떻게 작용하는지와 두려움에 대해서 설명했다. 그리고 감정 관리라는 흥미로운 영역으로 들어갔다. 나는 그에게 즐겁다면 웃어도 되고, 슬프다면 울어도 되며, 감정적인 상황이나 가족 또는 친구를 만날 때 행복해해도 된다고 했다. 그리고 이렇게 해도 아무 일도 일어나지 않는다고 말해주었다.

어느 날 상담에서 그는 이렇게 고백했다.

"선생님은 제가 약한 사람이 되도록 도와주시는군요. 지금까지 저는 스스로 강하게 느끼려고 감정을 차단했지만, 이제는 감정을 느끼고 감동도 할 수 있을 것 같아요…."

그처럼 냉정하고 이성적인 사람들은 감정에 사로잡히면 거기에 노예가 되고, 고통과 아픔 또는 열정과 같은 감정들이 올바른 의사 결정에 방해가 된다고 생각한다.

그는 1년간의 치료 끝에 약을 조금씩 중단했다. 그는 불안이 높은 순간을 처리하는 법을 배웠다. 그리고 비상약을 들고 다녔지만, 1년에 3번 정도만 사용했다. 그리고 그보다 더 중요한 변화는 그가 더 친근하고 인간적이며 사랑스러운 사람이 됐다는 사실이다.

인간은 자신이 옳고 통제할 수 있을 때 강하다고 느낀다. 자신이 틀렸다는 사실을 인정하는 게 얼마나 어려운지 모른다! 머리는 지시하고, 명령하며, 통제한다. 우리는 이성의 지침을 따르고, 오직 인지적으로 응답한다. 이성은 폭군이 되었다. 모든 것을 통제하려는 욕망은 큰 고통을 낳기 마련이다. 우리는 삶의 모든 면에서 안전 보장이 행복의 원천이라고 생각한다. 안정된 직업, 건강한 가정생활, 편안한 경제 상황처럼 확실하고 보호받는 삶의 기둥들을 세우려는 노력은 매우 논리적이고 신중한 행위다. 그러나 우리가 병적이고 병약한 이유는 얻을 수 없는 절대적 안전을 추구하기 위해 삶을 매우 괴롭히고 고통스럽게 만들기 때문이다. 우리 삶에 힘이 되고 절대 넘어지거나 실패하지 않게 할 물질과 도움을 끊임없이 찾는 것은 하나의 꿈이고 환상일 뿐이다. 거기에 바로 잘못이 있다.

우리가 임신 시기, 자녀의 성별 또는 뛰어난 성적, 직업의 종류, 가족 수입과 지출, 이상적인 휴가, 가족들의 건강 또는 완벽한 파티 등 모든 것을 통제할 수 있다고 믿게 만드는 것은 합리주의 물질주의 사회의 전형이다. 그러나 살다 보면 임신이 어렵고, 갈수록 점점 더 그런 어려움이 많다는 사실을 깨닫게 된다. 종종 배우자를 찾는 일도 마음대로 되지 않을 수 있고, 자녀가 부모가 원하는 지적 능력을 갖추지 못한 경우도 많다. 어쩌면 자녀에게 다른 장점이 있을 수도 있는데, 지적 능력에 집착해서 그것들을 발견하지 못할 수도 있다. 또, 평생을 바친 회사에서 조기 은퇴를 할 수도 있고 수입과 지출이 들쑥날쑥 할 수도 있다. 또한 스키를 타러

가는 길에 폭설로 도로나 공항이 폐쇄될 수도 있고, 천국 같은 섬에 장마철도 아닌데 비가 쏟아질 수도 있다. 또, 아무리 평소에 운동하고, 건강하게 잘 먹고, 정기 건강 검진을 받는다고 해도 몸에 문제가 생길 수 있다. 그리고 환상적인 파티를 준비한 날인데 피곤하거나 슬프거나 지쳐서 혼자 산으로 산책하러 가고 싶을 수도 있다…. 하지만, 삶은 이렇게 우리 힘으로 어쩔 수 없는 일들 덕분에 풍성해지고, 그런 철저한 통제 시도에 저항할 것이다. 철저하게 계산하면 할수록, 심한 고통만 생길 뿐이다. 이 순간 고대 로마 전쟁에서 승리하고 돌아올 때 노예들이 계속 외쳤던 문구가 떠오른다. '메멘토 모리Memento mori(네가 반드시 죽는다는 사실을 기억하라)'. 우리는 자신이 사소하고 연약한 존재임을 잊지 말아야 한다. 또한 융통성 있는 사람이 되어야 하고, 건강한 포기를 연습하며, 오늘과 지금, 이 순간을 즐겨야 한다….

끊임없이 통제 거리를 찾으면
지금 자신에게 일어나는 좋은 일을 즐기지 못한다.
미래에 '집착'하면 현재를 잃게 된다.

우리가 감정과 기분, 또는 타인에게 전하는 내용을 완벽하게 지배하고 통제한다면 이는 제6장의 〈감정을 삼키면 질식한다〉에서 본 것처럼, 해로운 결과를 낳을 수밖에 없다.

안토니오의 사례

안토니오는 한 기업의 부사장이다. 현재 다국적 기업과의 합병을 위해 협상을 진행하고 있어서 몇 주 동안 엄청난 긴장 상태에 있다. 어느 날 회사 사장은 그를 특별 이사회에 불러서 중요한 문제를 논의했다. 안토니오는 일벌레로, 일에 있어서 용의주도하고, 매우 질서정연하며 꾸준한 사람이다. 하지만, 소심하고 인간관계에서 어려움을 겪으며, 자신을 풀어주는 게 힘들고, 아주 친밀한 사람들 사이에서만 사교적인 사람이 된다.

그가 회의에 도착해보니 약 30명이 회의 탁자에 앉아 있었다. 사장은 목소리를 높여 이렇게 말했다.

"제가 며칠 전에 암 진단을 받았는데, 심각한 상황이지만 이겨내기 위해 싸울 것입니다. 저는 이제 모든 에너지와 시간을 건강회복에 쏟아야 할 것 같습니다. 따라서 부사장인 안토니오가 저의 부재중에 합병을 주도적으로 진행해주었으면 합니다."

이 말을 들은 안토니오는 몇 마디 하려고 일어섰는데, 그 순간 목소리가 나오지 않았다. '실성증'이었다. 불과 몇 분 전에 아내와 전화 통화를 했었다! 그는 가장 먼저 떠오른 변명인 폐렴에서 회복 중이라고 작게 말할 수밖에 없었다. 그는 사장님 부재 기간에 최선을 다해 회사를 이끌어가겠다고 덧붙였다.

그는 회의를 끝내고 나와서 아내에게 전화했다. 그는 작은 소리로 말했고, 친구인 이비인후과 전문의에게 가보기로 했다. 의사에게 무슨 일이 있었는지 말한 지 몇 분 안에 그의 목소리가 정상적으로 돌아왔다. 그는 무슨 일인지 도무지 이해가 가지 않았다. 그리고 며칠 후 임원들과 첫 번째 회의에서 이야기를 시작하려고 하는데 다시 똑같은 일이 벌어졌다! 말을 할 수가 없었다. 내 상담실로 왔을 때 그는 두 가지 두려움이 있었다. 하나는 사람들 앞에서 공개적으로 말하는 것(원래부터 가지고 있던 것)이고, 다른 하나는 많은 사람 앞에서 '음소거' 되는 것이었다.

나는 호흡법을 이용해 말하기 전에 몇 분 동안 긴장을 푸는 방법을 정확하게 설명하고, 그의 두려움을 없애는 일련의 메시지를 반복하며 치료를 시작했다. 그리고 종이에 성대에 도달하는 신경 구조를 그려서 직접 그 과정을 눈으로 보게 하고, 그것에 대해 자신감을 가질 수 있게 했다. 또한, 많은 사람 앞에서 두려움과 수줍음을 극복하기 위해 사회치료 요법을 병행했다.

그는 사장의 부재 기간에 사람들을 잘 통솔하고, 이전보다 말도 많이 하며 성공적으로 회사 합병을 이루었다. 이 모든 것을 통해 그는 강한 자신감을 회복했다.

두려움을 극복하는 치료

이러한 유형의 치료는 환자의 비합리적인 두려움을 유발하는 문제를 환자에게 드러내고 직면하게 하는 것으로 진행된다. 단, 뇌가 적응하고 환자가 진행 단계가 안전하다고 느끼도록 조금씩 진행해야 한다.

안토니오 사례에서 이루어진 점진적 노출 기법은 다음과 같았다. 하루는 그를 우리 상담팀 앞에서 말하게 했고, 이어서 그의 아내 그리고 전에 일했던 회사의 지인을 초대해서 그 앞에서 말하게 시켰다. 나중에는 아들의 성찬식과 사촌의 결혼식 등 다양한 행사에서 공개적으로 자신의 감정을 표현해보도록 독려했다.

광장공포증을 앓는 사람들의 경우에는 보통 가깝고 신뢰할 수 있는 사람과 함께 열린 장소로 동행하기를 권장한다. 이렇게 반복하다가 가까운 장소에 환자를 혼자 두고 합의된 장소에서 다시 만나기로 한다. 이 모든 것에는 유용한 호흡법과 자신이 하는 일에 대한 내부 지원 메시지가 동반된다. 그렇게 조금씩 뇌가 적응하면 몸은 질식과 괴로움을 전달하는 것을 멈추게 된다.

호흡법

긴장하고 있는 사람을 도와주고 싶을 때 우리는 '숨 쉬어!'라고 말한다. 괴롭거나 불안한 순간에 숨을 쉬라고 말하는 건 더 신경을 써서 깊은 호흡을 해보라는 뜻이다. 이제 그 호흡을 분석해보자.

오래전부터 이완 요법에 대한 논의가 많았기 때문에 관련된 연구와 논문이 많다. 대부분은 이것을 심호흡하거나 천천히 숨을 내쉬는 것 정도로만 생각한다. 물론 틀린 건 아니지만 보다 효율적이고 질서 있게 호흡법을 실행해보자. 가장 먼저 너무 시끄럽지 않은 편안한 장소를 찾자. 그리고 조명을 낮추고, 편안한 음악을 준비해도 좋다.

- 의자에 앉는다. 의자는 등받이가 곧고 편안해야 한다.
- 먼저 몸의 감각에 집중하자. 그리고 발에 집중하자. 처음 몇 초 동안 몸 전체의 무게를 느끼는 데 집중하자. 하체가 땅에

고정된 것을 느껴보자. 그리고 거기에서부터 위로 다리, 어깨, 팔 등을 차례대로 느껴보자. 그 순간을 즐기면서 온몸을 편안하게 하자.

- 자기 호흡을 관찰하자. 숨을 들이쉬고 내쉴 때 복부의 부드러운 움직임에 주의를 기울여보자. 그리고 나서 공기가 들어오고 나가는 동안 코 부분도 집중해보자.
- 이렇게 초기 관찰을 끝내고 안정이 되면, 횡격막 호흡(복식호흡)을 시작해보자. 이 방법은 매우 효과적인데, 폐 아래쪽이 공기로 채워지기 때문에 산소를 더 잘 들이마실 수 있다.
- 한 손은 가슴에, 다른 한 손은 배에 놓고 공기를 들이마시면서 어느 쪽이 올라가는지 확인해보자. 배 부분이 올라가면 올바르게 하는 것이다.
- 코를 통해 심호흡하고 몇 초 동안 멈춘 다음 천천히 입으로 내뱉어보자.

가장 잘 알려진 방법의 하나는 애리조나 대학의 통합의학 책임자인 앤드류 웨일Andrew Weil 박사가 만든 호흡법이다. 그는 미국 시사주간지 〈타임〉 표지에 두 번이나 등장했고, 자신의 호흡 이론을 말하기 위해 오프라 윈프리와 인터뷰도 했다. 그는 호흡 시간에 따라 3-3-6 또는 4-7-8을 권장한다. 예를 들어, 4-7-8 방법은 다음과 같다.

- 4초 동안 숨을 들이쉰다.
- 7초 동안 호흡을 멈추고 참는다.
- 8초 동안 숨을 내쉰다.

실제로 밤에 침대에 누워서 해보면 잠을 자는 데 매우 유용하다. 하루에 두 번씩 해보면서 조금씩 늘려가는 것이 좋다. 이런 식으로 하면 신체와 호흡, 교감 및 부교감 신경계를 스스로 조절하는 법을 배울 수 있다.

> 뭔가에 막히거나 통제력을 잃는 것이 두려울 때, 스트레스가 몰려올 때, 머리가 제대로 돌아가지 않거나 몸이 반응하지 않을 때, 호흡해보자. 마음을 다잡고 머릿속으로 평화와 성장의 메시지를 반복하면 그런 악순환에서 벗어날 수 있다.

완벽주의

롤라의 사례

롤라는 살라망카 출신의 여성으로 5살 소년과 7살 소녀의 어머니이다. 그녀는 시의회에서 공무원으로 일하지만, 교육 분야를 전공해서인지 늘 대학교수가 되고 싶은 마음이 있다. 내 상담실에 찾아왔을 때, 그녀는 박사 학위 논문을 쓴 지 3년 차였다. 거의 마무리 했지만, 검토할 때마다 수정할 부분이 눈에 띈다고 했다.

그녀는 퇴근하고 돌아오면, 집이 늘 지저분해서 쉴 수가 없었다. 그녀는 집안 청소와 아이들을 돌보려고 고용한 가사 도우미가 그녀가 요구하는 일을 제대로 하지 못하기 때문에 2-3주마다 바뀐다고 했다. 직장에서 그녀는 자기 기준이 높고 매우 까다로워서 한 번도 제시간에 결과물을 제출한 적이 없었다.

상담에서 그녀는 많은 불안과 스트레스를 호소하며 "더는 못 참겠어요."라는 말을 여러 번 반복했다. 최근에는 불면증도 생겨서 과민한 상태였다. 그리고 다음 상담에는 남편과 함께 왔다. 그는 가사 도우미 문제로 지쳐있었는데, 가족 대화는 온통 그 주제뿐이라고 했다.

"아내는 청결에 집착합니다."

그의 말에 따르면, 그녀는 퇴근하면 먼지를 찾기 위해 가구 위를 손가락으로 훑기 시작했다. 또, 다림질된 옷이 구겨지지 않았는지, 색상별로 그리고 특정 방식으로 정렬되었는지 확인했다. 하지만 한 번도 그녀가 원하는 만큼 된 적이 없었고, 그거 때문에 가정에 항상 큰 스트레스를 유발했다.

내가 볼 때 그녀에게는 단순한 불안감 이상의 일종의 강박증이 있어 보였다. 이와 관련해서 함께 알아봤는데, 그녀는 음식을 만질 때, 돈을 낼 때…등등 하루에 최소 20번 손을 씻었다. 집에서는 비누를 사용했고, 외출 시에는 물티슈를 사용했다. 그녀는 남편에게 맘에 드는 향이 나지 않으면 함께 잠자리에 들 수도 없었다. 그녀는 항상 그에게 샤워를 강요하고 이후에는 특정 브랜드의 샤워 코롱을 뿌리도록 요구했다. 집안 인테리어 공사를 했을 때는 업자에게 옷장은 보관할 물건과 치수가 딱 맞아야 하고 서랍장도 거기에 맞춰달라고 요구했다. 그녀는 자신이 어머니,

할머니와 똑같다고 했다. 나는 그녀에게 물었다.

"샤워는 얼마나 오래 하시나요?" 그녀가 대답했다.

"음, 45분 정도요."

그녀는 깨끗한 느낌이 필요하다며 혼자서 일주일에 큰 샤워젤을 두세 통씩 사용했다. 나는 그녀에게 강박 장애를 겪고 있고, 이로 인해 엄격한 완벽주의자가 된다고 설명했다.

완벽주의자는 절대 만족하지 못하고, 아무것도 자기 기준에 맞지 않기 때문에 항상 고통을 받는다. 이러한 유형의 사람들은 결점을 감지하는 능력이 뛰어나다. 무언가가 깨끗하지 않거나 깔끔하지 않은 경우, 조화롭지 않은 경우, 벽과 유리 또는 거울에 얼룩이 있는지를 기가 막히게 알아챈다. 롤라는 일할 때도 너무 꼼꼼해서 보고서를 요청받으면, 마지막 순간까지 모든 것이 올바른지 확인하다가 시간을 다 보낸다. 그리고 논문을 쓸 때도 똑같은 일이 벌어지기 때문에 다시 읽을 때마다 수정할 오류를 발견하고 결코 끝내지 못한다. 그녀는 항상 결점을 분석하기 때문에 고통을 겪을 수밖에 없고, 함께 있는 주변 사람들도 그녀를 경계하게 된다.

완벽주의자의 특징은 사고가 너무 경직되어서 다른 생각으로 전환하는 게 힘들다. 한 가지를 생각하면 거기에서 벗어날 수가 없고, 계속 같은 생각에 갇혀있어서 다른 생각을 하기가 어렵다. 롤라에게 이런 유형의 장애에 매우 효과적인 약물을 처방했다. 동시에 심리치료를 시작했는데, 노트에 청결과 질서, 자녀와 남편을 대하는 방법부터 그녀를 막는 반복적인 사고에 이르기까지 수정할 목표들을 적어 나갔다.

나는 그녀가 청결 의식의 필요성을 느끼는 순간마다 다음과 같은 인지적 메시지를 반복하면서 긴장의 순간을 다루는 법을 배워야 한다고 강조했다. '아무 일도 일어나지 않아, 괜찮아, 너는 깨끗해. 손을 많이 씻는 장애가 있다는 걸 기억해. 안 씻으면 마음이 편하지 않으니까 그렇게 하는 거야. 지금 손을 안 씻어도 나쁜 일은 안 일어나….' 행동적인 면에서는 집에 갈 때까지는 씻지 말고 아이와 함께 공원에서 놀아보라고 조언했다. 생각에서 행동으로 조금씩 옮겨서 실천하고 노력하면서 그녀의 상황은 매우 좋아졌다.

대상회 체계

뇌에는 집착과 강박 및 정신적 경직을 담당하는 영역이 있는데, 바로 대상회(대상피질)이다. 미국 임상신경과 학자이자 뇌영상 전문가인 다니엘 에이멘Daniel G.Amen 박사는 이 영역을 낡은 자동차의 변속 장치와 비교했다. 이 영역이 제대로 작동하면 생각과 주의 집중의 기어를 쉽게 변경할 수 있다. 우리가 한쪽 기어(하나의 생각)에만 집착할 때, 자동차는 제대로 작동하지 않고, 강박이라는 정신적 증상이 나타난다.

이 영역은 문제에 대한 다양한 가능성과 선택을 시각화해 일상적인 장애물과 변화를 처리할 수 있는 유연성을 책임진다. 따라서 이곳이 오작동하거나 과도하게 활성화되면 더 경직되고 해로운 사고를 하며, 거기에 갇혀 빠져나오지 못할 가능성이 커진다.

예를 들어, 인지적 경직성이 나타나는 사람들은 자신이 원하는 시기에 원하는 방식으로만 일해야 한다고 생각한다. 매우 뚜렷한 강박적 특징을 보이고, 거의 의식적인 특정 루틴에 익숙하므로 그것들을 위반하면 불균형적인 반응을 보인다. 지나치게 경직된 사람들은 자신이 원하는 일정과 계획, 방 정리가 필요하다. 완벽주의자는 여기에 또 다른 요소를 추가하는데, 최고로 잘해야 한다는 것.

경직된 사람들의 하위 유형: 네거홀릭(negaholic, 부정적 사고 중독자)

"틀렸어, 아니, 싫어, 싫다고 했어, 그건 아니고."

우리는 모두 한 번쯤 무조건적 부정으로 우리의 요청을 무시하는 이상한 유형의 사람들을 만나본 적이 있다. 또한, 어떤 주제에 대해서 우리의 의견에 절대 동의하지 않는 지인들도 알고 있다. 이번에는 조언이나 부탁을 받아들이지 않고 변화를 원하지 않는 사람들에 대해서 이야기해보자.

미국의 작가이자 코칭 전문가인 쉐리 카터 스콧Chérie Carter-Scott 박사는 네가홀릭스, 즉 부정적 사고에 중독된 사람들 전문가이다. 그에 따르면, 그런 사람들은 어떤 상황에서든 끊임없이 자동적이고 비이성적으로 부정적인 본능을 드러내고, 중립적인 것을 포함해 긍정적인 것을 인식할 능력이 없다. 그들이 현실을 바라보는 눈은 부정 쪽으로 기울어져 있다. 그리고 그들의 말속에는 불평과 한탄이 끊이지 않는다.

이러한 부정적 의견과 태도가 쌓이면 결국 자기에게도 남에게 도 해를 끼칠 수밖에 없다. 그들은 부정 중독자들로, 마음에 근거 없는 두려움과 비관주의로 인해 자신의 꿈을 거부하기 때문에 앞 으로 나아갈 수가 없다. 그래서 그들은 끊임없는 불안과 고통 속 에서 산다. 유해한 생각에서 모든 것이 비롯되어 결국 파괴적인 말과 행동을 초래한다.

이런 태도는 타인과의 관계에도 악영향을 준다. 그들은 다른 사 람의 성공을 소중히 여기는 것이 어려워서 항상 자기 의견, 표현, 행동으로 그들을 '침몰시키려고' 한다. 이런 사람들과 함께 하는 게 쉽지 않기 때문에 주변에서는 그들과 거리를 두려고 한다. 그 들은 다른 사람들에게 걸림돌이 되기 때문에 자주 모임 분위기를 해칠 수 있다.

이렇게 부정 중독자가 된 원인은 다양하다. 종종 극복하지 못 한 고통 때문에 생기기도 하고, 트라우마 단계 이후에 발생하기도 한다. 큰 고통을 당한 후에 분노하고, 무너지며, 우울해하거나 꼬 인 사람이 된 것이다. 이것을 해결하는 방법은 가능한 한 빨리 밖 으로 나가서 도움을 요청하고, 이런 마음의 독소를 키우는 과정이 삶에 해를 끼치고 있음을 인식하는 것이다. 흥미로운 사실이 있는 데 하버드 대학에서 실시한 연구에 따르면, 극적인 사건이나 고통을 경험한 사람 중 75%는 2년 후에 회복되었다. 적어도 과학은 이런 고통에도 불구하고 우리에게 낙관주의자가 되라고 강력하게 권한다.

크로노패시(chronopathy), 효율적인 시간 활용에 대한 집착

> 휴식의 기술은 일하는 기술의 일부이다.
> • 존 스타인벡

오늘날 인류의 가장 큰 열망은 생산성과 효율성이다. 우리는 이것을 시간의 상품화라고 부른다. 오늘날은 속도와 시간을 최대한 활용할 수 있는 능력과 관련된 모든 것이 긍정적으로 평가된다. 이런 현상의 결과는 무엇일까? 바로 우리 사회 전면에 퍼져있는 악성 질환인 스트레스의 출현이다.

시간은 세상에서 가장 민주적인 자원이다. 모든 사람이 하루 24시간을 보낸다. 따라서 하루를 어떻게 채우는지뿐만 아니라, 시간 감각을 인식하는 방법도 스스로 책임져야 한다. 인간은 하루하루 그리고 삶을 계획하는 방법에 따라 자신을 정의한다. 질서정연한 사람의 시간은 늘어난다. 왜냐하면 그런 사람은 '질서는 이성의 즐거움'이라는 사실을 잊지 않기 때문이다. 이 시점에서 우리는 두 양극단에 있는 사람들을 구분할 수 있다. 공허한 삶으로 우울하게 살면서 시간을 버리고 낭비하는 사람들과, 반대로 크로노패시를 겪는 사람들이다. 우리 주변에는 훨씬 미리 앞서서 시간을 계획하고 어떤 계획도 버릴 줄 모르며, 하루 일정을 쉴 틈 없이 많은 활동으로 꽉꽉 채워서 사는 사람들이 있다. 우리는 이런 사람들을 조심해야 한다. 그들의 삶은 결국 미래로의 도피가 되기 때문이다. 인생의 위대한 경험은 서두름과 시간의 번잡함 속에서는 맛볼 수 없다는 사실을 절대로 잊지 말자. 평화와 고요함의 순간이 없다면, 충만하고 만족한 삶도 있을 수 없다.

진정한 휴식 방법을 알고 있는가?

오늘날 새로운 '증후군'이 생겨났다. 바로 크로노패시chronopathy이다. 이 단어에서 크로노스Chronos는 '시간'이고, 파토스(pathos)는 '질병'이다. 즉 '시간의 질병'이란 뜻이다. 스페인의 의사이자 과학자인 그레고리오 마라뇬Gregorio Marañón은 '속도라는 미덕은 서두름이라는 악덕을 낳는다.'라고 했다. 우리는 속도를 높이고 서두르면 삶에서 더 크고 나은 결과를 얻을 수 있다고 확신한다. 우리는 누군가와 약속을 잡으려고 할 때 이런 대답을 자주 듣는다.

"시간이 없어, 너무 바빠서…."

우리는 그것이 정상이고 올바른 것으로 여긴다. 신속성은 삶의 주인공이 되었다. 모든 것이 '오늘, 지금'에 있다. 사람들은 드라마 다음 편을 보려고 한 주를 더 기다리지 않고, 기차가 15분만 늦어도 이의를 제기한다.

과연 일요일 오후의 슬픔을 겪어보지 않은 사람이 있을까? 나는 그것을 '어두운 일요일'이라고 부른다. 이것은 특히 평일에 너무 바쁘고 피곤하게 보내는 사람들에게 발생한다. 사람들은 금요일과 토요일에는 주로 술 약속을 잡고 다양한 계획을 세운다. 하지만 이런 사람들은 일요일이 되면 육체적 정신적 침체를 느끼며 다시 빨리 월요일이 되길 바란다. 이유가 뭘까? 그들은 매주 결승선에 서는 경주마이다. 그들은 도통 쉬면서 사는 법을 모른다. 그래서 그들에게 휴식은 불안과 죄책감, 공허함, 그리고 슬픔을 유발한다.

오늘날 사람들은 '만남'을 가져야만 여유롭고 평온한 순간을 보내는 것 같다. 쉬고 있다거나 한가하다고 말하면 잘 못 지내고 있다는 뜻이 되기 때문이다. 도대체 어떻게 된 걸까? 갑자기 한 친구가 근육통, 편두통, 빈맥, 불안 발작, 심장마비 등을 겪은 후에 당신에게 전화를 걸어 걱정스럽고 진지하게 이렇게 말한다.

"의사가 휴식을 처방했어."

그런 다음 친구는 자신의 삶을 다시 생각하기 시작하고, 삶의 중요한 부분에 가치를 두는 새로운 단계를 시작한다.

프란시스코의 사례

프란시스코는 다국적 기업의 임원으로 어린 나이에 국가 변호사 시험에서 좋은 성적을 얻었다. 그 이후로 그의 경력은 탄탄대로였다. 그는 공공행정 분야에서 시작해서 민간 기업으로 옮겼다. 인생의 어느 시점에서는 정치에 전념했지만, 완전히 발을 담근 건 아니었다. 일반적으로 그는 정치, 역사, 철학, 법률 등 많은 문제를 주제로 논의하는 것과 글쓰기를 좋아했다. 일어나서 자리에 누울 때까지 그의 일정은 언제나 빡빡했다.

그는 시간을 잘 사용하고 있다는 느낌을 좋아했기 때문에 혹여 여유 시간이 생기면 스스로를 괴롭혔다. 또한 가족과 함께 아침을 먹을 때면 식구들에게 그날 계획을 물었다. 그리고 늘 일들 중간에 짬을 낼만한 시간을 찾는데, 뭔가 다른 일을 하면 시간을 더 잘 활용할 거라는 생각이 들기 때문이다. 자녀들은 학교에서 오후 방과 후 수업으로 음악, 중국어, 영어, 미술, 스포츠 등을 배운다. 단, 금요일에는 방을 정리하고 놀게 한다. 주말에는 항상 완벽하게 짠 계획이 있고, 해변, 산, 도시 등을 찾아간다. 그의 아내는 '그의 뒤를' 따라가며 산다. 그리고 그의 속도를 따라가지 못하겠다고 말하며 멈춰야 한다고 했다. 하지만 그럴 때마다 그는 삶을 최대한 누려야 하고 최고의 기회를 잡아야 한다고 대답했다.

그는 수면의 질이 떨어지고, 편두통과 현기증에 시달리게 되면서 점차 걱정하기 시작했다. 그는 시간이 없어서 일정을 힘들게 변경한 후에야 의사에게 갈 수 있었고, 약을 처방받았는데, 효과가 미진했다. 그는 시간을 즐기지 못하고 계속 시간에 쫓겨 살았다.

그의 가족은 내 상담실로 찾아와서 구체적인 요청을 했다.

"그는 멈춰야 해요. 아무것도 하지 않는 법을 배워야 한다고요."

하지만 그는 멈추고 싶지 않다며, 그것이 그의 존재 방식이고, 만일 멈추면 고요하게 사는 법을 모르기 때문에, 더 스트레스를 받을 거라고 했다.

나는 불안 상태에 도움이 될만한 약물을 아주 조금 처방했다. 다음날 그는 나에게 전화를 걸어와 사무실에서 깊이 잠들었다고 했다. 그가 약간의 속도를 늦추자마자 몸은 마치 엄청난 용량의 진정제를 복용한 것처럼 반응했다.

여기서 중요한 점은 그가 휴식하는 방법을 모른다는 사실이다. 그는 자신이 가만히 있다는 걸 감지하면 불안해지고, 다시 활동을 시작하면 불안이 사라진다고 했다. 그에게는 긴장을 푸는 법을 가르치지 말아야 했다. 오히려 그럴 때 심계항진이 생겨서 이완 요법과 요가, 마음챙김은 할 수가 없었다. 대신 휴식하는 법을 배워야 한다고 스스로 깨닫게 해야 했다.

이것을 인식하는 것을 '인사이트(insight)'라고 하는데, 이것이 치료의 첫 번째 단계였다. 두 번째로 그는 운동하는 법을 배워야 했다. 꼭 동적인 활동을 하라는 뜻이 아니라, 시간을 '버리고' 긴장을 푸는 법을 배우기 위한 것이었다. 그러자 내면의 강한 저항이 생겨 큰 어려움을 겪었다. 그는 항상 그렇게 살아왔고, 시간사용에 대한 매우 엄격한 교육을 받았기 때문이다. 따라서 그의 예후는 불투명했다.

그는 몇 달 동안 치료를 받았고, 조금씩 나아졌다. 그는 거의 아무것도 하지 않거나 심지어 스스로 즉흥적(이전에는 불가능했던)으로 즐기는 모습을 가족에게 보여주는 단계까지 갔다.

우리는 멈추는 법을 배워야 한다. 보고 관찰하고 즐기기 위해서는 먼저 제동을 걸어야 한다. 진정으로 관찰하고 숙고하기 위해서는 멈춰서야 한다. 달리고 있으면 아름다움을 제대로 볼 수가 없다. 죄책감이나 시간 낭비라는 생각 없이 아름다운 풍경과 일몰을 감상하고 마음을 사로잡는 책을 즐기며, 도로 근처의 숨겨진 마을에 차를 세우고 산책을 즐기며, 수많은 감정을 소환하는 노래를 들어보자. 그럴 때 건강과 즐거움, 행복이 생기고 삶의 질이 높아진다.

로마 가톨릭 신학자이자 신부인 자크 레클레르크Jacques Leclercq는 이미 1936년 벨기에 자유 아카데미의 연설에서 이 내용을 설파했다. 그리고 위대한 철학자 르네 데카르트도 몇 달 동안 쉬고 나서 꿈과 비전을 갖게 되었다. 뉴턴은 나무 아래 있다가 물리학의 위대한 원리 중 하나를 발견했다. 플라톤도 아카데모스의 정원에서 철학의 기둥을 세웠다. 그들 중 누구도 삶의 바쁜 시기에 그런 위대한 발견을 하지 않았다. 급하게 달려간다고 삶의 아름다움과 깊이에 도달하는 것이 아니다.

고독과 휴식, 침묵, 천천히 가기는 희망차게 계획을 세우고 시작할 수 있는 열쇠이다. 세상은 병들어 있다. 실제로 만성적인 스트레스로 고통 받고 있다. 만일 우리가 늘 전속력으로 달리고 거기에서 극도의 스트레스를 받는 존재들만 만들어낸다면, 과연 이 사회가 어떻게 될까? 정신없이 바쁘게 돌아가는 삶은 우리를 끌고 가는 주체가 내가 아니라 조건이나 환경임을 보여준다.

내면의 목소리를 듣는 것은 자기 자신을 알고 더 나아지기 위한 첫 번째 단계이다. 하지만 그 목소리는 광적인 소음이 가득한 삶 속에서는 들리지 않는다. 오늘날 여러 치료법은 내면의 평화와 차분함을 요구한다. 그 결과 요가와 마음챙김을 비롯한 온갖 종류의 명상이 계속 나오는데, 이런 것들은 외부의 번잡함에서 우리를 분리해준다.

우리는 시계를 많이 보지만, 정작 중요한 것에는 시간을 내주지 않는다! 일요일 오후에 쉼의 시간을 갖고 전화와 시계를 끊어보자. 집에서는 전화와 이메일, 뉴스, SNS를 걱정하지 말고 휴대폰을 비행기 모드로 바꾸라. 하루 24시간 중 매일 일정한 시간은 온라인 상태가 아니어도 된다. 약간의 시간을 '잃어버리고' 평화와 고요함을 얻는 법을 배우라.

너무 많은 걸 끌어안지 말라. 그만두는 법을 배우라. 현재의 순간을 살고, 종종 자연과 해변, 바다, 산을 즐겨라. 그러면 진정으로 나를 채워줄 위대한 감각들을 경험하게 될 것이다. 물론 개인적인 과제를 고려하면서 하라. 계획하고 중요한 부분을 점검해 나가되, 마음이 움직이거나 원했던 특별한 순간이 다가올 때마다 그것을 즐겨라.

디지털 시대

나는 멕시코에서 돌아오는 길에 신문에서 충격적인 뉴스를 접하고 놀랐다. 내용인즉 '페이스북은 수백만 명의 사용자의 마음을 가지고 논 것을 인정한다.'였다. 필라델피아의 한 의료 행사에서 페이스북 공동 창립자인 숀 파커는 자신의 회사가 '사회적 검증 피드백으로 인간 심리의 취약성을 착취하기' 위해서 세워졌다고 인정했다. 그들이 소셜 네트워크를 만든 목적은 사용자가 그 안에서 최대한 많은 시간을 보내게 하려는 것이었다. 그 결과 앱에서 '좋아요' 버튼을 만들자는 아이디어가 나왔다.

'좋아요'를 볼 때마다 뇌에서 무슨 일이 일어날까?

이런 정신적, 디지털적 과정을 이해해보자. 감정과 행동의 세계에 빠진 우리는 화면들의 세계가 우리의 행복에 깊은 영향을 준다는 사실을 잘 알고 있다.

오늘날 기업들과 프로그래머들은 우리를 전자기기에 가장 많은 시간을 쏟게 만들려고 애쓴다. 그 접근 방식은 의도적이다. 즉, 이러한 장치의 제조업체는 화면과 기술 앞에 마음이 어떻게 작동하는지 정확히 알고 있기 때문에 중독 효과를 일으키는 장치를 만든다.

실제로 가젯 같은 최신 응용 프로그램은 중독성이 있게 설계되었다. 이것은 개인뿐만 아니라 부모와 교육자가 모두 이해하고 있어야 하는 중요하고 심각한 사실이다. 그렇다면 그것이 어떻게 이루어지는지 알아보자.

모든 중독에는 수년 동안 알려진 분자 및 생리학적 근거가 있다. 알코올과 코카인, 알약, 마리화나 같은 약물과 도박, 게임, 음란물 등은 도파민이라는 호르몬에 의해 조절된다.

도파민은 즐거움을 담당하는 호르몬으로 뇌의 보상 시스템을 조절한다. 섹스와 알코올, 마약 또는 소셜 네트워크와 같은 쾌락의 대상과 상호 작용하는 순간에 활성화되는데, 종종 그 과정에서 쾌락을 기대만 해도 활성화된다. 그리고 이후에는 허전함을 느끼게 해서 금방 그 제품을 다시 소비하게 만든다. 코카인과 섹스, 소셜 네트워크에 중독된 사람은 주의 집중 능력이 저하되고, 의지력(자기 통제력)도 약해지며, 장기적으로는 깊은 슬픔과 공허함을 느끼게 된다. 그렇다면 페이스북의 공동 창립자는 필라델피아 행사에서 무엇을 인정한 걸까? 그의 말은 다음과 같다.

"사람들은 '좋아요'를 받으면, 더 많은 콘텐츠를 올리게 되는데, 그런 클릭이 단기 도파민 역할을 하기 때문이다…."

과연 무슨 일이 벌어지는 걸까? 오늘날 기업들은 전통적이고 보수적인 마케팅을 찾을 뿐만 아니라, 심리학과 신경 생리학, 신경 과학의 결합도 시도한다. 이들은 우리의 마음과 관심을 사로잡아서 더 많은 콘텐츠와 자료를 생성하고, 우리가 사고, 보고, 결정하는 것에 대한 통제력을 더욱 강화한다.

이것이 바로 마약이 작용하는 원리이다. 즉, 뇌에서 이런 물질의 지속적이고 장기적인 사용을 요청하는 메커니즘이 활성화된다. 그래서 이런 제품 대부분은 금지되거나 규제된다. 우리는 아이들이 아주 어릴 때부터 제한 없이 디지털 세계에 노출되고 있고, 그것이 그들의 생각과 정보 처리 및 좌절 같은 감정을 관리하는 능력을 완전히 흐트러뜨릴 수 있다는 사실을 깨닫지 못하고 있다.

우리 모든 인간은 아동-청소년기부터 감정 기복과 좌절, 공허함을 해결하기 위해 탈출로를 찾는다. 화면들 속에 편안하고 재미있는 기능이 있다는 사실을 절대 잊지 말자. 어린이와 청소년은 갈등을 겪거나 지루하거나 스트레스를 받으면 '휴식'할 장치를 찾는다. 그들의 마음은 힘들 때 화면과 소셜 네트워크 또는 인터넷에서 탈출 경로를 찾는 데 익숙하다. 꽤 많은 사람이 접촉할 때 활성화되는 도파민의 정점을 경험하기 위해 소셜 네트워크(왓츠앱, 인스타그램, 페이스북, 트위터 등)에 몰려든다. 우리는 정보 과부하와 과잉 자극 시대에 살고 있다. 이 과잉 자극은 정보와 물질, 심지어는 허구적 상품의 과도한 소비와 깊은 관련이 있다. 단 한 번의 클릭으로 모든 것을 쉽게 이용할 수 있다. 하지만 원하는 것을 얻지 못하면, 노력할 능력이 부족한 많은 청년의 성격적 약점의 근간에 있는 좌절의 회로가 활성화된다. 그 결과 교육 문제가 생길 뿐만 아니라, 일부 심리적 장애가 발생한다. 나는 지나치게 무관심하고 환멸을 느끼며 관심사와 동기부여를 활성화할 방법을 모르는 청년들이 많이 늘어나는 상황이 놀랍고 염려스럽다. 인간을 완전히 채워주는 유일한 두 가지가 사랑(연인, 배우자, 친구…)과 직업적 만족임을 절대 잊지 말자. 이 두 가지 삶의 기둥은 노력, 끈기, 인내를 통해 세워진다.

우리가 기술과 함께 성장한다고 해서 더 똑똑해지는 것은 아니다. 물론 무한한 활동이 가능해진 건 사실이다. 특히 놀라운 정신적 능력이 개발되었는데, 바로 멀티태스킹(다중작업)이다. 신경 과학에서는 이것을 '지속적인 주의력 전환'이라고 부른다. 이것은 뇌가 한 작업, 다른 작업, 또 다른 작업을 수행하는 데 몇 분 또는 몇 초가 든다는 것을 의미한다. 만일 두 가지 활동이 같은 뇌 영역에서 이루어진다면, 뇌는 두 가지 활동을 한꺼번에 처리할 수 없다. 그러니까 우리가 책을 읽으면서 팝송 가사를 들으면, 두 가지 작업이 100% 이루어지지는 않는다. 같은 뇌 영역에서 이루어지는 일이라서, 주의력을 교대로 사용하기 때문이다.

사실상 멀티태스킹을 할 때는 뇌가 피상적으로라도 많은 정보를 포착하긴 하는데, 그것을 유지하기는 힘들다. 스탠퍼드 사회학자인 클리포드 나스Clifford Nass는 주의력 결핍과 멀티태스킹 간의 관계를 연구한 선구자 중 한 명이다. 우리가 생각하는 것과는 달리, 전화 통화와 메일 응답 등 멀티태스킹을 하는 사람들은 효율성이 떨어진다. 연구에 따르면, 그들의 주의력 변화가 더 빠를 수는 있지만, 작업 기억력은 감퇴한다. 이런 일이 일반화되면, 지식이 부족하고 정보를 피상적으로 받아들이는 사회에서 살게 된다.

21세기는 과잉 자극의 시대이다. '새로운' 기술들 덕분에(때문에) 뇌는 엄청난 양의 정보에 노출되고 처리해야 한다. 이런 정보들은 우리의 감각 기관(대부분은 시각)을 통해 들어오는데, 그것도 동시다발적으로 엄청나게 한꺼번에 밀려온다. 이런 과도한 자극들은 심각한 결과를 초래한다. 이런 폭격에 익숙한 어린이와 청소년은 동기 부여를 얻기 위해 점점 더 강력하고 강렬한 자극을 원한다. 이렇게 되면 디지털 세계를 넘어서는 무언가를 배우고 싶은 욕구와 호기심, 경이감이 줄어든다. 또한, 의욕과 창의력과 상상력이 완전히 파괴된다. 그뿐만 아니라 어린 시절부터 그런 아이들은 삶의 리듬과 평온함, 침묵의 즐거움을 방해하는 강도에 익숙해진다. 자녀들이 한 자극에서 다른 자극으로 끊임없이 점프하고 있는 셈이다.

삶의 성공은 자신이 진정으로 원하는 것에 집중하고 관심을 쏟으며, 목적을 위해 인내할 수 있는 사람들이 얻을 수 있다는 사실을 잊지 말자. 뇌의 주의력은 전두엽 피질에서 발달한다. 이 영역은 의지력과 자제력 및 작업 계획을 처리한다. 이 뇌 영역은 어릴 때부터 발달시켜야 한다. 이것이 가장 중요한 지적 능력 중 하나이기 때문이다.

그럼 아기가 태어난 후 전전두 피질이 어떻게 발달하는지 살펴보자. 아기는 빛을 볼 때 주의를 기울이기 시작한다. 몇 달이 지나면 주의력은 빛과 움직임, 소리를 찾는 곳에 집중된다. 교육의 가장 큰 도전은 아이들이 '움직이지 않고 빛나지 않는 것들(종이, 음식, 글자, 책, 숙제…)'에 주의를 기울이게 하는 것이다. 스스로 주의를 집중할 수 있도록 의지와 관심을 유도하는 것이다. 하지만 그 시기에 휴대폰이나 태블릿을 주면 아이의 관심은 가벼운 움직임과 소리로 되돌아간다. 그 결과 전전두엽 피질은 발전하지 않고 오히려 퇴보한다. 어린 아기였을 때처럼 자극을 받고 반응하기 때문이다. 유일한 차이점이라면 소리가 더 강하고 빛과 움직임의 속도가 더 빠르게 변한다는 것뿐이다.

젊은이들의 뇌는 주의를 집중하고, 의지와 자제력을 담당하는 뇌의 전두엽 부분을 건강한 방식으로 개발하는 법을 배워야 한다. 하지만 전자기기 화면에 과도하게 노출되면 주의력과 집중력이 현저하게 떨어지기 때문에 그 기능이 저하된다. 오늘날에는 명상과 특히 마음챙김의 중요성이 대두되고 있다.

초연결은 과잉 행동과 밀접한 관련이 있다. 유명한 ADHD(주의력결핍과잉행동장애)가 이와 밀접하게 관련되어 있다. ADHD 진단을 받은 아이들은 집중력과 주의력에 큰 어려움이 있으며 욕구좌절에 대한 내성이 약하다. 장기간 전자기기를 사용하면 비디지털 자극에 주의를 기울이는 능력이 떨어진다.

따라서 오프라인 교육이 필요하다. 감정적, 사회적인 면에서 특히 그렇다. 커뮤니케이션학과 교수인 클리포드 나스는 "대면 의사소통은 타인의 감정을 읽는 법을 배우는 좋은 방법이다."라고 강조했다. 잘 알려진 감성 지능이 인생에서 성공하는 열쇠 중 하나라는 사실을 절대 잊지 말자. 전자기기 화면은 그런 성공을 위한 교육에서는 최악의 교육자이다. 그것은 주변의 모든 것에서 아이를 분리하고 고립시킨다. 또한, 감정을 이해하고, 사람들과 진심으로 연결하는 능력에 제동을 걸고, 키보드나 화면이 아닌 곳을 바라봄으로써 자신이 느끼는 것을 표현하는 능력을 파괴한다. 오늘날 젊은이들은 눈앞에 있는 사람의 눈을 들여다보며 감정을 표현하는 게 서툴다. 따라서 자녀들이 앞에 있는 사람과 눈을 맞추면서 자기 삶과 감정, 개인적 관계를 경험할 수 있도록 교육해 나아가야 한다. 먼저 현실 상황과 사람의 감정, 자연과 잘 연결되도록 교육하자. 이것이 이루어지면, 단계적으로 디지털 세계로 발을 들여놓을 준비가 될 것이다.

8

코르티솔 수치를
낮추는 방법

자연 속에서 운동하기

스트레스와 불안, 우울증에 대처하는 가장 효과적인 방법의 하나는 규칙적인 운동이다. 운동하면 불안은 줄고 우울증과 싸우는 데 도움이 되는 호르몬인 세로토닌과 도파민의 생성이 촉진된다.

단! 특별히 힘든 운동을 할 때는 코르티솔 수치가 높아질 수 있는데, 신체가 그것을 위협으로 해석하기 때문이다.

격렬한 운동을 하면 코르티솔 수치가 떨어지지 않을 뿐만 아니라, 오히려 증가한다. 그리고 35분에서 45분 정도의 장시간 격렬하게 운동하고 수치가 최고점에 도달한 후에는 점차 정상 수치로 회복된다. 격렬한 운동의 문제는 코르티솔 수치가 낮아지는 그 장벽을 극복할 시점까지 가지 못하는 때가 많다는 사실이다. 따라서 요가나 필라테스 같은 부드럽고 편안한 저강도 운동을 하거나 가볍게 걷는 것이 더 나을 수 있다. 2008년 〈내분비 연구 저널〉에 발표된 생화학자 에드워드 힐Edward E. Hill의 연구에 따르면 40% 강도로만 운동해도 충분히 코르티솔 수치를 낮출 수 있다. 또한 대도시의 소음과 공해를 피해 야외로 나가거나 그곳에서 운동하면 몸에 훨씬 더 도움이 된다.

이처럼 운동하는 환경도 매우 중요하다. 2005년 영국의 에식스 대학교의 생물학과의 줄스 프리티Jules Pretty 박사가 주도한 연구에서는 기존의 체육관 안이나 도시의 거리에서 하는 운동과 비교해 야외 운동green exercise이 주는 정신적 이점을 발견했다. 이 실험에서는 20명의 피험자 집단이 러닝머신에서 운동을 하는 동안 앞쪽 벽에 이미지를 투사했다. 네 개의 집단으로 나눠서 각각 행복한 시골, 불쾌한 시골, 행복한 도시, 불쾌한 도시의 이미지를 보여주었다. 동시에 통제집단에는 아무런 이미지도 보여주지 않았다. 피험자의 혈압을 확인하고 운동 전후에 자존감과 기분이라는 두 가지 심리적 측면을 기록했다. 그들은 행복한 시골과 행복한 도시 이미지를 보여줬을 때 자존감과 기분에 상당히 긍정적인 영향을 미친다는 것을 발견했다.

자연과 모든 생명은 대부분 사람에게 웰빙 상태를 유도하기 때문에 정신 건강을 위해서는 사는 동네에 녹지 공간이 필요하다. 자연은, 우리가 만들었을 수도 있는 정신 질환과 더 잘 싸우고 집중하며, 더 명확하게 생각하는 데 도움이 된다.

어니스트 오 모어Ernest O. More가 1981년에 증명했듯이, 단순히 자연을 바라보기만 해도 유익한 효과가 생긴다. 이는 감옥 주변의 농장을 바라보는 수감자들이 감옥 안뜰만 바라보는 수감자들보다 덜 아픈 것만 봐도 알 수 있다. 같은 맥락에서 현재 스웨덴의 살머스공과대학교 의료건물 연구센터 건축학 교수인 로저 울리히Roger Ulrich는 1984년 펜실베이니아 외곽의 병원에서 수술 후 자연을 볼 수 있는 창문이 있는 곳에 입원한 환자는 그렇지 않은 환자들에 비해 회복 속도가 빠르다는 사실을 발견했다. 자연을 바라보는 것도 좋지만, 자연 속에서 운동하는 것은 더 좋다. 2014년 〈생태심리학〉지에 실린 연구에서 미시간대학 의대 가정의학과 교수인 사라 워버Sara Warber 박사는 야외에서 집단으로 걷기의 유익한 효과를 이야기했다. 즉, 스트레스와 우울증, 부정적인 감정이 감소하고 긍정적인 면과 정신 건강이 증가하는 효과가 있었다.

운동은 해마를 관리하고 균형을 잡는 데 도움이 된다. 기분이 상하면 해마의 크기가 줄어들고 편도체는 더 무질서하게 반응한다.

간단히 말해서, 적당히 운동하고 가능한 한 자연과 가깝게 지내면 코르티솔 수치가 낮아지고 면역력이 높아지며, 스트레스와 불안 및 우울증과 싸우는 데 도움이 된다.

독이 되는 사람 다루기

독이 되는 사람(toxic people)을 다루는 법을 배우라.
그리고 당신 주변을 '인간 비타민들'로 채우라.

그저 옆에 있거나 함께하는 것, 심지어 생각만 해도 기분이 안 좋아지는 부류의 사람들이 있다. 누가 그런 사람인지 떠올리려고 노력하지 않아도 우리는 이미 잘 알고 있다. 이런 부정적인 영향의 근본적 이유는 삶의 어느 시점에서 그 사람으로부터 잘못되거나 부정적인 영향을 받았기 때문이다.

'그 사람과 있으면 기분이 안 좋아. 불편하고 내가 싫어하는 나의 안 좋은 면을 끄집어내거든. 무슨 주제로 이야기를 해도 그의 말은 항상 미묘하게 경멸조야. 이게 정말 그런지, 아니면 있지도 않은 허깨비를 보는 건지 잘 모르겠어. 이게 질투인지 부러움인지도 잘 모르겠고…. 하지만, 그 사람 곁에만 있으면 그런 느낌이 들어. 그리고 그 사람이 떠나야만 긴장이 풀리고 안도감이 들어. 그런 상황인데도 나는 그 사람과 떨어질 수가 없어. 하지만 어느 정도 거리를 두어야 한다는 생각은 들어. 이거 때문에 내 성격이 변하고 불안하고 슬프기까지 하거든.'

당신의 배우자나 어머니, 상사, 동료, 처남, 이웃, 친구… 중에 이런 사람이 있을 수 있다. 그런 사람의 행동과 존재 자체 또는 관계 방식은 우리를 화나게 하고 항상 평화를 앗아간다. 이런 유형이 바로 유해한 사람이고, 독이 되는 사람이다. 그 해로움에도 종류가 다양한데, 불안정과 질투, 편집증, 미성숙 또는 신경증 등이다. 어쨌든 그들은 우리를 불안하게 만들고, 때로는 몇 초 만에 자기 의견을 제시해서 우리 삶의 결정 또는 의견을 왜곡하고 끊임없이 평가한다. 그들은 우리의 모든 말이나 행동을 평가할 권리를 가진 관중이 되기 때문에, 그들과 건전한 유대감을 형성하기는 매우 어렵다. 때때로 우리는 그런 사람들이 우리 삶의 중심부까지 들어올 수 있도록 허용하는 잘못을 저지른다.

> 독이 되는 유해한 사람은 당신 삶에 언제든지
> 의견을 제시할 권리가 있는 사람처럼 행동한다.

그들은 조작의 달인이고 자신의 먹잇감들의 약점을 정확하게 감지한다. 그런 사람은 말 그대로 고통을 받는 사람들을 계속 질식시킨다. 때로는 의도적으로 그럴 수도 있고, 자신이 주변에 미치는 끔찍한 피해를 인식하지 못할 수도 있다. 단, 그저 힘든 시간을 겪고 있어서 일시적인 분노와 냉소를 보이는 사람과 계속 규칙적으로 모든 독을 뿜어대며 고통을 주는 사람을 혼동해서는 안 된다.

원칙적으로 독이 되는 사람은 긍정적인 영향을 주지 않는다. 배우자 또는 가족 관계일 때는 때때로 인식하기 어려운 애착과 의존 현상이 발생한다. 그런 경우, 상대가 자신의 내적 균형을 깨뜨리지 않는다고 스스로를 설득하고, 혼자 있는 게 두려워서 해로운 관계를 유지하며, 허용해서는 안 되는 극단적인 상황을 참고 견딘다.

그런 유해한 사람이 우리에게 영향을 미치지 않게 하는 열쇠는 우리가 그들을 대하는 태도에 있다. 그들이 우리의 내면세계를 침범하지 못하게 막고, 우리 삶에 침입할 가능성을 차단해야 한다. 또한, 우리의 의사결정 능력을 부정하는 걸 허용하지 말아야 한다. 우리 결정의 자유를 보호하는 마지막 보루는 가상의 방해물로 흔들릴 수 있는데, '감정 뱀파이어'가 이것들을 이용해 우리의 의지를 꺾고 조롱하기 때문이다.

유해한 사람의 침입을 허용하는 사람들은 결국 불안과 우울증, 죄책감, 의존성을 경험하고, 결과적으로 자존감까지 타격을 받을 수 있다.

독이 되는 사람을 다루기 위한 6가지 열쇠

1. 그들과 있을 때 신중하라.

그들은 언제든지 당신을 투명 인간으로 만들거나 해를 끼치는 데 필요한 정보를 사용할 수 있다. 당신을 사랑하는 사람들은 당신의 성공을 기뻐하고, 어려울 때 도와줄 것이다. 당신에게 해를 끼치는 사람인지 아닌지를 분명하게 구분하고, 그런 사람에게는 당신의 삶 정보를 제공하지 말라.

2. 그 사람의 의견을 무시하라.

그러면 그들의 말과 행동에서 벗어나게 된다. 그들의 행동을 절대적인 것으로 여기지 말고, 중요하게 여기지 말라. 정면으로 맞서지 말고 경멸적인 시선과 비꼬는 말 또는 예리한 비판을 막아줄 '심리적 비옷'을 입는 법을 배우라. 그리고 가끔씩 '그 사람이 내 인생에서 그렇게 중요하기를 바라는가?'라고 자문하자.

3. 그런 사람은 잊도록 노력하자.

조금씩, 무례하지 않게 그들과 멀어지라. 당신 삶에 들어와서 더 좋게 만들어주는 사람들이 있는 반면, 당신 삶에서 떠나야 당신의 상황이 더 좋아지는 사람도 있다.

4. 그들이 당신 삶의 일부라서 벗어날 수 없다면, 그들과 함께하는 법을 배우라.

그 사람이 당신 삶에 불가피하다면, 거기에 적응하되 실수는 반복하지 말라. 그런 다음 그 사람이 모든 사람에게 독성이나 불편함을 유발하는 '보편적 유해 인자'인지, 아니면 당신에게만 영향을 미치는 '개별적 유해 인자'인지 솔직하게 자문해보라.

그렇다면 이제 두 번째 단계로 독성의 원인을 분석해보자. 그 사람과의 관계에서 당신이 염려하는 요인이 무엇인지, 이 사람을 보면 내 안에서 무슨 일이 일어나는지, 열등감과 연약함, 분노, 두려움의 느낌이 생기는지, 연필과 종이를 들고 셀프 치료사가 되어서 진단을 해보자. 그리고 그 사람에게는 무슨 일이 있는 건지, 왜 나를 이렇게 대하는지를 생각해보며 그 사람을 이해하려고 노력 해보라.

이 책에서 이미 인용된 '이해하면 고통이 줄어든다.'라는 문구 는 항상 나에게 많은 도움이 된다. 우리는 그들이 겪은 상황과 살 아온 이야기, 트라우마 또는 문제를 이해함으로써 그들을 불쌍하 게 여기고, 그 결과 우리의 고통을 멈출 수 있다.

5. 과감하게 용서하라.

마음의 분노가 가득하면 행복할 수 없다. 때로는 용서가 최고 의 위로가 될 때도 있다. 운전 중에 다른 운전자가 위험하거나 무 례하게 운전했을 때, 그 사람을 미친 사람이라고 생각하고 욕하며 소리를 지를 수 있다. 하지만 그렇게 하면 마음이 편하지 못하고, 코르티솔 수치만 올라간다. 그러고 싶지 않다면, 그 사람을 불안 하거나 불행한 상황에 있다고 생각하고 불쌍히 여기며 용서할 수 도 있다.

6. '인간 비타민'을 가까이 두라.

이런 사람들은 마음과 몸에 독성과는 반대의 효과를 낸다. 그들 은 몇 초 만에 우리 마음을 기쁘게 해줄 수 있다. 우리 내면의 균 형을 잡아주는 건전한 의도를 가진 좋고 행복한 사람들을 가까이 에 두기를 권한다. 인간 비타민은 항상 우리에게 삶의 기쁨을 되찾아줄 능력을 갖춘 사람들이다. 따라서 우리는 가능한 한 그들과 많은 시간을 보내야 한다.

> 불행한 사람과 함께하면 서로 전염된다. 만일 당신이 힘들 때, 그런 사람에게 도움을 요청하면 그들은 당신을 침몰시키고, 당신 안에서 최악의 것을 꺼낼 수 있다. 당신이 유해한 사람들 앞에서 약하다고 느끼지 않는다면 행복을 위한 중요한 교두보를 확보한 셈이다.

긍정적 사고

우리는 이 책에서 생각 학습의 중요성을 다루었다. 부정적인 생각이 쏟아지는 것을 막고, 매일 우리를 괴롭히는 걱정의 급류를 멈추게 하며 방향을 전환하기 위한 구체적인 지침을 살펴보자.

삶을 즐기려면 부정적인 부분을 상대화하고, 소소한 것들을 즐길 줄 아는 능력이 필요하다. 끊임없이 경계하고 괴로움과 슬픔 속에 살면 행복에 꼭 필요한 평화와 균형을 찾을 수 없다. 우리를 방해하는 대부분은 내면세계를 교란하는 '아주 작은 걱정' 더미이다.

걱정하지 않으려면 그 걱정을 건설적이고 긍정적인 생각으로 바꿔야 한다. 그 자리를 계획과 취미, 사람들, 때때로 나도 모르게 나를 가두는 독성 고리에서 벗어나게 해주는 것들로 채워야 한다.

내가 좋아하는 문구가 있는데, 반 고흐가 말한 '너는 그릴 수 없어!라는 내면의 목소리가 들린다면, 반드시 그림을 그려라. 그러면 그 목소리가 잠잠해질 것이다.'이다.

내가 '생각 해설자'라고 부르는 내면의 목소리가 있다. 이것은 운동경기처럼 환경이나 우리가 만나는 사람들에 대해 해설하는 소리이다. 이것은 개인적 판단, 내적 비판, 좌절과 관련이 깊다. 그 목소리를 교육하면 균형을 회복하는 데 도움이 된다. 나는 심리 치료할 때 우리를 침체에 빠지게 하고 가로막는 부정적인 생각의 파괴적인 흐름을 제지하는 것과 관련된 기법을 많이 다룬다.

> 부정적인 생각은 해로운 영향을 미치며 그 영향은 신체에도 몇 시간 동안 지속될 수 있다. 계속 해로운 생각에 사로잡혀 살아가면 고통스럽고 신체 기능도 저하된다.

걱정을 덜어주는 몇 가지 간단한 방법

이 방법들은 당신의 마음속에서 나타나고 생길 때마다 당신을 막는 자동적인 정신 작업과 뇌를 재정리하는 것을 바탕으로 한다. 생각이 '진짜이고 실재한다'라는 사실을 알고 있어야 한다. 아무리 당신이 그것을 만지거나 듣지 못해도 그들은 당신을 교란할 능력과 힘을 갖고 있다.

- 내가 걱정하는 것이 아주 중요한가, 그렇지 않은가? 잠시 기다려보자. 내 마음이 이 주제를 오도하거나 확대하거나 왜곡하고 있는 건 아닐까? 이런 생각들이 늘 진실을 말하는 건 아니라는 사실을 받아들여라. 때때로 그 생각들이 정확할 수도 있지만, 현실을 왜곡할 때도 많다.

- 나는 무슨 감정이 드는가? 오늘 내 기분은 어떤가? '기분 저하 또는 예민한 순간'이 생길 수 있는 원인은 무엇일까? (잠, 약물, 피로, 외부 상황…)

- 부정적인 생각들이 당신의 몸에 미치는 영향을 관찰하라. 유독하거나 해로운 생각이 신체에 어떤 영향을 미칠 수 있는지 알아보라. (심박수 증가, 발한, 두통, 위장 불편, 근육 수축…)

- 모든 생각을 자동으로 번역하지 말라. 우리는 침묵의 주인이자 말의 노예이다. 당신을 표현하기 전에 잠시 멈추고 말하려는 내용과 그 결과를 생각해보라.

- 다른 때에는 지금 내가 걱정하는 것을 잘 처리할 수 있었는가? 이 고리를 끊는 첫 번째 단계는 무엇일까?

- 다른 사람들의 생각을 추측하지 말라. '난 당신이 나를 이렇게 생각한다고 확신한다.'라는 의심은 근거가 없을 수도 있다. 절대로 미리 판단하지 말라.

- 당신에게 긍정적으로 말하라. 당신에 대해서 말할 때, 진실하고 자신감을 키우는 데 도움이 되게 말하라.

- 긍정적인 감정을 느끼면 당신의 몸도 건강해진다.

- 현재를 붙잡고 오늘과 지금 실행하는 능력에 집중하라.
- 미래에 대한 비전을 품어라. 지금 이것이 싸울만한 가치가 있는 전투인지 결정하라. 상황에 맞게 생각하라. 지금 중요하게 보이는 것이 1년 후에도 중요한지 숙고하라.
- 나도 모르게 자동으로 부정적인 생각이 들면 행동하거나 반응하지 말라. 기다리고 당신에게 기회를 주라. 당신의 언어를 바꿀 수 있어야 한다. 예를 들어, '문제'를 '도전'으로, '실수'를 '두 번째 기회'로 바꿀 수 있다. '기쁨' '평화' '희망' '자신감' '열정' '꿈'과 같이 낙관적인 단어를 사용하라.
- 상황마다 긍정적인 부분을 찾아라. 모든 상황은 문제 또는 해결책의 관점에서 볼 수 있다. 토머스 에디슨의 유명한 말 '나는 실패하지 않았다. 전구를 만들 수 없는 999가지 방법을 발견했을 뿐이다.'를 생각하라.
- 똑같은 생각이 계속 떠오를 때 도움이 될만한 간단한 팁이 있다. 우선 휘몰아치는 생각을 종이에 적고 반론을 펼쳐보자. 예를 들어, '시어머니가 나를 미워한다.'라는 생각이 끊임없이 괴롭힌다면, '오늘은 특별히 날이 안 좋은 모양이다. 보통은 이렇게 힘들게는 안 하신다.'라는 생각으로 반박해보자. 물론 이것이 자신을 속이는 행위일 수도 있지만, 장기적으로 볼 때 이 간단한 연습은 심신을 건강하게 해준다.

내면의 목소리가 당신을 약하게 만드는 게 아니라 힘을 주게 하라. 목표를 시작하기도 전에 실패를 걱정하는 생각을 단호히 거부하라.

명상/마음챙김

인간의 가장 깊은 곳에는 강력한 치유 수단이 있는데, 그 메커니즘은 아직 알려지지 않았다. 내가 말하는 수단은 성찰과 명상, 기도이다. 이런 과정들 덕분에 마음이 몸을 회복시킬 수 있다. 이 주제에 대해 간단하게 이야기를 나누어보자.

마음챙김이란 무엇일까?

마음챙김이란 현재의 순간에 온전히 주의를 기울이는 것이다. 이것은 우리의 의식을 의도적으로 주의 깊게 관찰하는 기술이다. 이것은 불교 명상에서 가져온 개념으로, 지금 여기에만 집중하는 것이다. 이것은 우리의 영적 차원을 나타내고, 때때로 우리의 삶을 이끄는 논리를 벗어나기도 한다. 마음챙김은 종교가 아니다. 그 배경에는 신비롭거나 마법 같은 것은 없으며, 상식만이 존재한다. 이것은 우리 마음을 아프게 하는 것과 그것을 고치는 방법을 발견하기 위한 정신 검사를 의미한다. 최근 수십 년 동안 명상과 마음챙김이 특히 몸과 마음에 가져다주는 이점을 밝혀낸 과학적 연구가 많아졌다.

인간의 초자연적 또는 영적 차원은 몸과 마음을 다스리는 특별한 힘이 있다. 이 연구들에 따르면, 어떤 종류이든 충실함과 평화를 갖고 신앙생활을 하는 사람들은 스트레스를 덜 받았다.

나는 몇 년 전 런던의 킹스 칼리지 병원의 정신과에서 일했다. 그곳에서 명상과 신체 건강, 특히 염증에 관한 관계를 연구하던 대니스Danese 교수에게 배우고 공동 연구도 했다. 나는 어느 날 병원 식당에서 그와 점심을 먹으면서 불교 명상과 마음챙김, 기독교와 유대교의 기도 효과가 비슷한지를 질문했다. 그러자 그의 대답은 분명했다. 수용과 포기라는 두 가지 요소를 다룬다면 그렇다고 했다. 그리고 기도와 몇 가지 명상 기법의 문제가 있는데, 괴로워하면서 구하고 호소하면, 때때로 그것이 그 괴로움을 덜어주기보다는 더 큰 불안을 낳는다고 덧붙였다.

지금 우리가 감각들의 경험에 완전히 몰입하고 명상하는 시간에 조금이라도 투자한다면, 오히려 시간이 절약되고 하는 모든 일의 효율성이 높아지며, 주의력과 집중력이 향상되고, 새로운 것을 배우는 능력과 창의력도 향상될 것이다. 마음챙김의 연습은 뇌를 단련하는 것을 의미하는데, 이것은 운동 경기를 할 때 근육을 단련하는 것과 같다.

마음챙김의 핵심은 오늘과 지금의 의미를 온전히 인식하고 해로운 생각을 내보는 데 있다. 영적인 눈으로 실존을 바라보고, 더 높은 존재인 신에 대한 믿음을 갖고 기도하면 우리에게 일어나는 모든 일에 의미가 있다는 전적인 신뢰와 함께 마음챙김의 효과가 생긴다.

마음챙김과 면역계

최근 몇 년 동안, 서던캘리포니아대학교 부속병원 켁 메디컬센터 예방의학 조교수인 데이비드 블랙David S. Black은 마음챙김이 주는 건강의 이점에 관한 수많은 연구를 발표했다. 면역계의 다섯 가지 매개 변수에 따라 마음챙김의 효과를 조사한 무작위 통제 실험이 이루어졌다. 여기에서 염증성 단백질의 자극 및 순환, 세포 전사인자 및 유전자 발현, 면역 세포 수, 이 세포들의 노화 및 항체반응을 살펴보았다. 그들의 발견은 마음챙김의 흥미로운 효과를 시사한다. 우선 특정 염증(우리는 염증의 해로운 영향을 잘 알고 있다!) 지표가 현저히 감소했다. 또, CD4 T림프구(이것은 면역계를 지휘하는 '대장'과 같다) 수치가 높아졌다. 또한, 텔로머레이스가 활성화되면서, 텔로미어 길이도 길어졌다.* 이러한 연구는 초기 단계이지만 꽤 고무적이다.

> 적극적으로 행동하라. 당신 존재와 삶의 초월성을 믿는 것을 두려워하지 말라. 스트레스를 받지 않거나 위기가 아닌 평온한 순간에 먼저 주의 깊게 호흡하는 법을 배우라. 당신의 마음을 조금씩, 천천히 훈련하라.

---

* 텔로미어의 길이는 세포가 분열할 수 있는 횟수, 즉 우리에게 남은 삶의 시간에 대한 미터 역할을 한다는 것을 기억하자.

오메가3

내가 만난 모든 환자와 가족을 비롯한 주변 사람들은 내가 오메가3 신봉자라는 것을 잘 알고 있다. 이 모든 일이 시작된 건 몇 년 전이었다. 그 당시 잇몸에 심한 문제가 있었는데, 친한 영양사가 매일 오메가3를 섭취하라고 권해줬다. 그리고 놀랍게도 몇 주 후에 이 문제가 사라졌다. 나는 엄청난 스트레스를 받으면 이 질병이 재발하는데, 이 생선 기름이 손상 효과를 늦춘다는 사실을 관찰했다.

오메가3 섭취는 기분과 인지 능력을 향상하는 매우 건강한 방법이다. 오메가3 지방산에는 6가지 유형이 있지만, 그중 세 가지만이 인간 생리학과 관련이 있다. 바로 α-리놀렌산ALA, 에이코사펜타엔산EPA, 도코사헥사엔산DHA이다. 여기에서는 마지막 두 지방산에 집중할 것이다.

이것들은 신체의 특정 기능에 매우 중요하기 때문에 종종 필수 지방산이라고 불린다. 그리고 이러한 지방산은 우리 몸에서 스스로 만들어지지 않기 때문에 꼭 음식을 통해 섭취해야 한다.

에이코사펜타엔산은 몇몇 아이코사노이드의 전구물질어떤 화합물을 만들어내는 모체가 되는 물질—역주이다. 이것들은 중요한 항염증 작용 및 면역 작용과 관련된 지용성 매개 물질이다. 이 지방산은 생선 섭취와 생선 기름 섭취를 통해 얻을 수 있다. 내과에서 이 지방산은 지질강하제로 사용된다. 즉, 혈중 지질 수치를 낮춘다.

도코사헥사엔산은 생선 기름뿐만 아니라 스피룰리나와 같은 일부 조류에서도 발견된다. 사실, 그것은 원래 물고기가 먹는 해조류에서 발견되며 먹이사슬의 위로 올라갈수록 이것이 생물체에 점점 더 많이 집중된다. 이것은 특히 뇌, 망막 및 생식 세포에 집중되어 있다. 뇌의 뉴런과 회백질은 다량의 지방으로 구성되어 있으므로 이 성분은 적절한 발달과 기능의 핵심이다. 뇌의 최적 발달을 위해서는 적절한 수준의 DHA가 필요하다. 그렇지 않으면 신경 발생과 신경전달물질 대사에서 결핍이 생긴다.

오메가3는 중요한 항염증 작용을 한다.

2005년부터 미국의 영양 생화학자 윌리엄 랜즈William E.M. Lands 가 수행한 연구에 따르면, 오메가3와 비교해 오메가6의 과잉 섭취는 여러 병의 원인이 된다. 심장 마비와 관절염, 골다공증, 우울증 및 기분 변화, 비만 및 암에 영향을 준다. 2002년, 그리스의 의사 아르테미스 시모포로스Artemis P. Simopoulos 는 필수 지방산을 섭취하는 것이 중요하지만, 오메가6와 오메가3를 적절한 비율로 섭취하는 것이 훨씬 더 중요하다고 발표했다. 인간은 이 둘을 1:1 비율로 섭취하며 발달해왔다. 그러나 최근 수십 년 동안 육류 및 가공품 소비의 붐으로 이 비율은 서양 식단에서 10:1로 증가했다. 특히 미국에서는 30:1의 비율까지 섭취되고 있다. 이 비율을 낮추면 심혈관 질환과 천식, 류머티스성 관절염 및 대장암을 예방하는

데 도움이 되는 것으로 나타났다.

모유에는 DHA가 함유되어 있다. 이는 유아의 신경 및 뇌 발달에 매우 중요하다. 하지만, 임신 기간에도 산모가 이 지방산을 섭취하는 것이 좋다. 그러나 DHA는 어린 시절에만 꼭 필요한 게 아니다. 적절한 양의 오메가3는 치매 및 알츠하이머 발병 소지를 현저히 낮춘다는 연구 결과가 나타나기 시작했다. 반대로 노년기에 DHA 수치가 낮으면 인지 능력 저하가 가속화될 가능성이 커진다. 뇌는 이 지방산에 크게 의존하며, 낮은 수치는 우울증과 인지기능 저하 및 기타 장애와 관련이 있다. 심지어 기억력이 부족한 환자도 6개월 동안 매일 DHA를 복용한 후 기억력이 향상되었다. 반면, 알츠하이머로 진단받은 환자들은 오메가3 보충제를 복용한 후 질병이 더 천천히 진행되었다. 또한 DHA는 뇌세포의 생존과 회복에 관여하는 물질인 신경 보호제의 주요 공급원으로 확인되었다.

매일 생선 기름을 섭취하면 여러 면에서 건강하고 유익한 효과가 나타난다. 2010년에 일리노이 대학의 파자네-파Farzaneh-Far 교수가 발표한 연구에서 오메가3 수치 상승과 텔로미어 길이 사이의 긍정적인 관계가 관찰되었다.

마지막으로, 이 생선 기름을 섭취하면 ADHD에 대한 주의력이 향상된다. 오메가3를 섭취한 젊은이들은 성적이 향상되었다. 오늘날 미국정신의학회와 여러 정신건강 매뉴얼에서는 조현병과 우울증, 양극성 장애 등 일부 정신질환의 발병을 늦추고 치료하기 위한 예방 조치로 오메가3 섭취를 권장한다.

오메가3는 EPA와 DHA의 정확한 비율로 하루에 1~2g을 섭취하는 것이 좋다. 단, DHA 함량이 최소 80%는 되어야 한다.

당신의
최고 버전

인생에서 성공하고 승리하려면,
처음에는 간단하고 쉬워 보이지만 제대로 하기는
어려운 일부터 시작해야 한다.

나는 누구일까?

자신을 아는 것이 자신을 이기는 시작이다. 나는 보통 환자들과 변화를 극복하는 내적 과정을 진행할 때 세 단계를 권한다.

1. 나를 알기

먼저 내가 어떤 사람인지 알아야 한다. 나의 특징과 나에 대해서 가장 마음에 드는 점과 싫어하는 점을 알아본다. 내가 늘 하는 말이 있는데, 자신을 인식하는 과정에는 네 가지 측면이 있다.

- 다른 사람이 아는 나: 내 이미지
- 내가 생각하는 나: 자기 개념
- 진정한 나: 내 본질
- 인터넷상에서 보여주는 나: 내 디지털 이미지

2. 나를 이해하기

내가 어떤 상황에서 그런 반응을 했는지 알고, 나의 유전적 성향과 과거, 타인(상사, 친구, 동료, 애인, 배우자…)과의 관계를 이해해야 한다. 조심스럽게 어린 시절로 가보자. 자신의 한계와 장벽, 두려움을 인식하고 그것이 어디에서 왔는지 이해하면, 내면 작업과 감정 관리 능력이 크게 향상된다.

3. 나를 인정하기

원래 그랬고, 어떻게 해도 바꿀 수 없는 몇몇 '것들'은 내 것으로 받아들이고 소화 흡수하자.

나도 한계가 있고, 실수하며, 틀릴 수 있다는 것을 인정하는 것이 중요하다. 인생의 성공은 결점과 불완전, 실수가 없어서가 아니라, 능력과 기술을 향상하는 법을 배우기에 가능하다.

> 당신이 결점을 알고 강점으로 그것을 무력화시킬 수 있다면,
> 그 결점은 더는 당신의 걸림돌이 되지 않는다.

승리하는 사람들은 자기 일을 즐기고 특정 분야에 탁월하다. 그들은 당신과 다르지 않다. 그들은 자신이 잘하거나 좋아하는 것에 집중함으로써 빛을 발하고, 능력을 향상하기 위해 시간을 바치는 사람들이다. 물론 모두가 자신이 좋아하는 일을 할 만큼 운이 좋은 것은 아니지만, 행복한 사람, 성공한 사람, 선도할 수 있는 전

문가는 자신이 하는 일을 사랑하고 잘한다.

재능 + 열정 = 직업

만일 당신이 분야를 막론하고 매우 존경할만한 사람들을 떠올려본다면, 그들이 뭔가에 집중하고 그것을 강화한 사람이라는 것을 깨닫게 될 것이다. 그들이 다른 사람들보다 더 나은 특정 지점에 집중할 수 있었다는 말이다. 지금 당신의 머릿속에 누가 떠오르든, 그 사람은 어느 정도 내면의 전투를 벌였고 그 위치까지 가는 데 많은 어려움이 있었다.

나는 몇 년 전에 한 콘퍼런스에서 아주 유명한 외국 가수를 만났다. 그의 앨범은 수백만 장이 팔렸고 전 세계에서 대규모 콘서트도 열린다. 그의 노래는 단순히 노래를 넘어 내게 영감을 주었고, 나는 그런 마음을 그에게 전했다. 나는 그의 '찐팬'이어서 사진 요청을 하러 갔는데, 그는 나에게 놀라운 친밀감과 관심을 보여주었다. 그는 내 가족과 직업에 관해 물었다. 내가 정신과 의사라고 대답하자 그가 이렇게 말했다.

"저는 오랫동안 치료를 받고 있어요. 혼잡한 장소에서, 심지어 때때로 무대에서도 공황 발작이 일어나거든요. 저는 매일 이것과 싸우고 있어요. 언젠가 벗어날 수 있으면 좋겠어요."

세계적으로 유명한 가수가 붐비는 장소에서 공포라니! 나는 직접 콘서트를 찾아가거나 수많은 유튜브 콘서트를 통해 그를 만났다. 나는 그와의 짧은 대화를 절대 잊을 수가 없다. 나는 그가 그런 극심한 두려움에도 불구하고 가는 곳마다 성공할 것이라는 생각을 하며 웃었다.

페더러

페더러는 의심할 여지없이 살아있는 전설로 역사상 가장 훌륭하고 우아한 테니스 선수이다. 그는 테니스계에서 모든 기록을 깼으며 전 세계에 팬을 보유하고 있다. 2013년 7월 마르카(Marca) 신문에 실린 인터뷰에서 기자는 그를 다음과 같이 평했다. "당신은 항상 좋은 서브, 더 나은 포핸드, 좋은 발리, 다양한 슬라이드를 보여줍니다. 하지만 백핸드가 약점인 것 같습니다."

그러자 그는 "저에게는 두 가지 선택이 있습니다. 장점을 키우는 것과 약점을 개선하는 것입니다. 만일 제가 후자를 선택했다면, 저는 훨씬 더 강력한 선수가 되었을 겁니다. 하지만 제 장점으로도 먹고살 만합니다. 많은 사람이 하는 것처럼 약점 개선을 위해서 수천 개의 볼을 패스하며 백핸드 연습을 하는 제 모습은 상상하기 힘들거든요."라고 말했다.

당신의 최고 버전

성공적인 삶을 위해서는 성찰과 지식, 일, 노력, 유머 감각 등 많은 것이 필요하다! 나는 지금까지 나를 위한 방정식을 만들었는데, 이것은 삶에서 '당신의 최고 버전'을 끌어내는 열쇠가 될 것이다.

'당신의 최고 버전'을 끌어내려면 무엇보다도 삶의 의지가 필요하다! 즉, 매일의 변수 속에서도 항상 최고의 것을 끌어내기 위해 노력해야 한다. 이것은 논리적으로 책에서 배우는 것이 아니라, 경험하고 즐기고 느끼고 맛봄으로써, 그리고 무엇보다도 넘어졌다가 다시 일어나면서 배우는 것이다.

당신은 당신의 많은 결정의 결과이다. 당신은 그 결정이 당신의 삶에 영향을 미쳤다는 것을 깨달아야 한다.

당신의 최고 버전 = (지식 + 의지 + 인생 목표) × 열정

당신이란, 당신이 직접 내린 결정들의 결과라고 말했다. 즉, 올바른 열정과 의지를 갖고 강화하면 계획한 거의 모든 것을 이룰 수 있다. 여기에서 '거의'라는 말을 덧붙인 이유는 우리의 목표가 아무리 현실적이라도 운과 운명, 섭리라고 부르는 요인들이 있어서 항상 성공하거나 이룰 수 있는 건 아니기 때문이다. 하지만 우선 위험 요인들부터 살펴보자. 이것은 모든 방정식과 같다.

- 지식이 부족하면… 열정적이고 의욕적인 바보보다 더 위험한 것은 없다!
- 의지가 부족하면… 열정과 지식으로 시작하지만, 곧 사라질 것이다!

- 인생 계획이 부족하면… 순간적이고 즉각적인 만족의 노예가 될 것이다!
- 열정이 부족하면… 결코 지도자가 될 수 없고, 빛날 수 없으며 물론 다른 사람에게 영향을 끼칠 수도 없다! 그리고 건강한 늙음을 즐기지 못할 것이다!

지식

> 기회는 준비된 자에게 온다.
> • 루이 파스퇴르

프랑스 과학자의 이 말은 항상 나에게 용기를 준다. 이후 작가인 아이작 아시모프도 의지와 열심을 갖고 준비하고 공부하고 실행하는 자만이 삶의 성공을 바랄 수 있다고 설명하면서 이 말을 강조했다. 이 말을 우리 분야로 옮기면 여기에는 엄청난 힘이 있다. 어쩌면 운이나 섭리가 우리를 만나러 와도 우리가 그것을 제대로 이해하거나 해석하지 못할 수도 있다. 따라서 기회는 준비되고 훈련된 자, 도착했을 때 그것을 활용할 수 있는 충분한 기술과 지식을 습득한 자에게 올 수밖에 없다. 우리는 목표를 이룰 수 있는 강력한 도구인 자기계발과 학습 능력을 갖추고 있다. 핵심은 이것이다. 당신은 배울 준비가 되어 있는가?

나는 치료할 때 '독서요법bibliotherapy'을 사용하기도 한다. 당신에게 무슨 일이 일어나고 있는지 이해하는 데 도움이 되고, 그것을 극복하는 방법이 담긴 심리서를 권한다. 또는, 사로잡힌 부정적인 생각이나 해로운 감정에서 벗어나도록 도와주는 소설도 좋다.

바보상자와 인터넷, 유튜브 비디오로 시간을 낭비하지 마라. 외출과 운동, 독서는 강력한 항우울제이자 불안 완화제이다.

의지

당신의 최고 버전은 자기 능력에 집중하고 질서 있고 규율적이며 일관된 방식으로 열심히 실행할 때 나타난다는 사실을 잊지 말자. 당신이 가진 능력에 맞게 매일 최선을 다하는 법을 배워야 한다.

의지란 무엇일까?

이것은 즉각적인 보상과 만족을 미루는 능력이다. 의지가 있는 사람은 삶에 대한 장기 비전을 갖고, 구체적인 목표를 설정하며 이를 달성하기 위해 모험을 할 수 있다. 의지에는 결단과 결심, 끈기가 필요하다.

바람want과 욕구desire의 차이는 의지에 있다. 바람에는 확고한 결심이 필요하다. 욕구는 음식과 음료, 성욕, 충동 등 즉각적인 소유와 만족을 추구한다. 욕구에는 속도 요인이 포함되는데, 사람에게 순간적으로 채워주지만, 훌륭하게 만들지는 않는다. 반대로 바람은 보다 장기 목표를 추구하고 구체적이며 이를 위해서는 잘 설계된 계획과 달성하기 위한 지속적인 노력이 필요하다.

잘 훈련된 의지는 노력과 포기를 바탕으로 시간의 흐름 속에서 한 개인이 꾸준히 노력한 결과이다. 이것이 있으면 자신에게 가장 쉬운 것이 아닌, 가장 좋은 것을 찾을 수 있는 단단하고 일관성 있는 사람이 된다. 이것은 선천적인 게 아니라, 후천적으로 얻어지는 것이다. 갖고 태어난 것이 아니라, 정복한 것이다.

의지는 결단이다. 이것은 구체적인 방향을 정하고 미리 생각한 다음, 장단점을 따져보고 목표를 향해 나아가는 것이다. 성숙한 사람의 가장 명백한 증거 중 하나가 바로 강한 의지이다. 하지만 그 반대인 미성숙한 사람은 의지력이 약해서 무너지기 쉬우며 목표를 이루기 위한 노력을 금방 포기한다.

잘 훈련된 의지는 인생에서 기필코
당신의 최고 버전을 끌어낼 것이다.

목적과 목표 세우기

목적goal은 장기적이고 목표objective는 단기적이다. 고대 철학자인 세네카는 '어느 항구로 가야 할지 모르고 항해한다면 바람도 소용없다.'라고 말했다. 계획이 없는 사람은 현재 상황의 노예이다. 그런 사람은 충동과 감정 또는 느낌에 따라 반응하기 때문에, 지금 이런 사회에서 훨씬 더 많은 영향을 받는다.

어떤 사람들은 당신보다 훨씬 더 안 좋은 조건에서 일을 시작했지만, 제대로 목적지에 도착한다. 따라서 신체적 또는 정신적 건강이나, 배우자와 가족, 친구와의 관계 개선을 위해 필요하다면 목표를 바꾸는 것을 두려워하지 말아야 한다. 당신의 존재 방식에서 만들어진 습관과 관습은 당신의 삶에 큰 영향을 끼친다. 사람들은 보통 심각한 위기나 문제 또는 질병이 생길 때 진정한 변화를 결심한다. 뉴욕의 마운트 시나이 병원의 심장 전문의인 발렌틴 푸스터Valentín Fuster 박사는 "담배를 끊는 가장 좋은 방법은 심근경색이다."라고 말했다.

> 당신의 마음이 마음껏 비상하게 하고,
> 행동 계획을 실행하라.

인생 계획은 우리가 붙잡고 의지하는 곳에 집중하는 것에서 시작한다. 계획을 세우고 현실적으로 생각하며, 그것을 찾으러 나가야 한다. 나는 위에서 언급한 책의 시작 부분에서 '기회는 예상하지 못한 순간에 온다.'라는 말만큼 나에게 큰 영감을 주는 말은 거의 없다고 했다. 희망차게 멋진 것을 상상하고, 적극적으로 계획을 세우며 실행을 두려워하지 말라! 계획을 세우는 과정에는 이루게 될 다양한 결과물이나 도달할 이정표를 즐길 수 있는 개인적인 만족감이 포함된다. 그 작은 발걸음들에는 진정한 행복이 들어있다.

열정

> 우리는 우리를 정말로 행복하게 만드는 일에
> 더 많은 시간을 쏟아야 한다.
> • 작자미상

열정은 더하기가 아니라 곱하기로 증가한다. 그것은 뉴런 사이의 연결을 개선하고, 새로운 뉴런을 생성하는 신경 생성을 활발하게 하며 텔로미어 길이를 늘인다. 우리는 행복해지고, 그 행복을 다른 사람들에게 전하며, 삶의 좋은 것을 서로 나누기 위해 태어났다. 흥미로운 사실이 있는데, 메이요 클리닉에서 실시한 연구에 따르면 비관론자들의 기대 수명은 최대 19%까지 줄어든다.

스페인의 축구 감독인 펩 구아르디올라가 바르샤에 도착해서 무슨 말을 했을까? "저는 여러분께 최선을 다하겠다는 것을 약속드립니다. 우리가 이길지 질지는 모르겠지만, 우리는 노력할 것입니다. 벨트를 꽉 매십시오. 우리는 좋은 시간을 보낼 것입니다." 그의 말대로 우리는 수년간 멋진 축구를 즐겼다. (레알 마드리드 팬들조차!)

낙관주의자가 되는 법을 배울 수 있을까?

물론 배울 수 있다. 이스라엘 심리학자인 탈 벤 샤하르Tal Ben Shahar는 하버드 대학교에서 수강생이 가장 많은 수업인 행복해지는 방법에 관해 강의를 하고 있다. 우리는 긍정적인 사람이 되는 법을 배울 수 있다. 물론 시간이 걸리는 작업이지만, 그 안에는 신체적, 정신적 건강을 향상할 가능성과 만족이 가득하다. 우리가 이 책을 통해 지금까지 살펴본 것처럼 낙관주의는 현재 순간을 포착하는 방법이다. 행복은 우리에게 일어나는 일 그 자체가 아니라, 우리에게 일어나는 일을 해석하는 방법에 있다. 인생에서 더 멀리 항해한 사람들은 세상과 사람들에 대해서 낙관적인 시선을 가지고 있었고, 다른 사람들과 소통하는 방법을 알고 있었다. 낙관론자는 자기 목표를 볼 줄 알지만, 비관론자는 항상 시작하지 않을 변명거리만 찾는다.

노벨평화상 수상자인 니컬러스 버틀러가 말했듯이 세상에는 세 종류의 사람이 있다. 어떤 일을 일어나게 하는 사람, 어떤 일이 일어나는 것을 지켜보는 사람, 무슨 일이 일어났는지 모르는 사람이다. 당신은 어떤 사람인가?

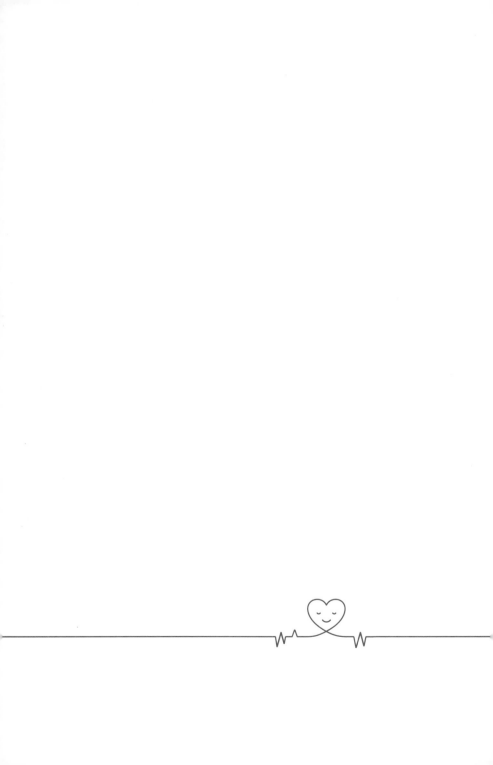

다시 시작하기에 너무 늦은 때란 없다

포르노 배우, 주디스의 사례

나는 한 대학에서 교육과 회복력에 관한 강연을 마치고 나오다가 주디스를 만났다. 그녀가 먼저 내게 다가와 말을 걸었다.

"저는 주디스이고 배우예요. 인터넷을 통해 선생님께서 이 학교에서 강연하신다는 소식을 들었습니다. 저는 더는 살고 싶지 않아요. 더는 참기 힘들어서, 자살을 생각 중입니다."

나는 그 말을 듣고 그 자리에 얼어붙었다. 나는 영화에 대해 잘 모르는 편이고, 외국 영화는 더더욱 잘 몰랐다(그녀의 말투에서 외국인 억양이 살짝 묻어났다). 그녀와 대화를 더 진전시키려는데 대학의 학장님이 다가와 내게 학교 창립 50주년 기념 도서를 건네주는 바람에 약간의 틈이 생겼다. 나는 그 틈을 이용해 그녀의 이름을 구글에서 검색했다. 그녀는 포르노 배우였고, 소셜 네트워크에 백만 명 이상의 팔로워가 있는 유명인이었다!

나는 그녀에게 다시 다가가 그렇게 우울한 이유를 물었다. 그녀는 어린 시절에 만난 오래된 남자 친구에게 청혼을 받았다고 했다. 그를 사랑하지만, 마음속으로는 '내가 사랑에 빠진 건가…

내가 사랑에 빠질 수 있는 사람인가?'라는 의심이 가득했다. 그와 함께할 미래가 없다고 생각했다. 그녀는 내게 이렇게 말했다.

"그는 제가 영화계를 떠나기를 원하고, 저도 그럴 마음이 있어요… 하지만 만일 우리 사이에 아이가 생긴다면… 선생님은 저를 이해하지 못하겠지만… 언젠가 아이들이 인터넷에서 저에 대해서 검색해보겠죠…. 저는 미래가 보이지 않아요."

우리는 콘퍼런스장 옆에 서서 조금씩 포르노 세계로 들어갔다. 나는 그녀에게 상처를 주지 않기 위해 아주 조심스럽게 그 주제를 꺼냈고, 그녀도 그런 나를 이해했다.

"선입견을 갖고 대하지 않아 주셔서 감사해요. 저는 도움이 필요해요…. 저의 가장 큰 절망은 제가 과거와 상처를 지우고 다시 시작할 수 없다는 사실이에요."

나는 다음 날 아침 첫 시간에 그녀와 상담 약속을 잡았다. 나는 밤새도록 그 문제에 대해 생각했고, 경찰에서 일하는 지인에게 전화를 걸어 신원 정보 변경이 가능한지, 그리고 그러기 위해서는 무엇이 필요한지를 확인했다. 다행히도 다음 날 아침에 필요한 정보를 얻을 수 있었다. 그녀의 어머니는 외국인이었고, 아버지는 스페인 사람이어서, 그녀는 이중 국적을 가지고 있었다. 물론, 일할 때는 이미 가명을 사용하고 있었지만, 우리는 이름 변경 가능성도 논의했다. 그리고 조심스럽게 그녀의 과거 속으로 들어갔다. 어떻게 여러 나라에서 영화를 찍게 되었는지, 그리고 종종 고급 매춘과 마약 세계에도 발을 들였는지에 대해 이야기를 나누었다.

그녀에겐 치유해야 할 깊은 상처가 많았다.

그녀는 그녀가 살아온 인생 안으로 나를 들어가게 해주었다. 나는 그녀의 어린 시절과 어머니에게 버림받음, 아버지의 알코올 중독 및 자살 이야기 속으로 조심스럽게 들어갔다. 열 살의 어린 나이에 그녀는 가까운 친척에게 성적 학대까지 당했다. 열여덟 살예쁜 소녀로 변한 그녀는 소년들의 관심을 한 몸에 받았다. 그때옛 남자 친구인 라울을 만났다. 그녀는 진지한 관계를 원하지 않았지만, 그는 첫날부터 그녀의 영원한 사랑이 될 것임을 선언하고끝까지 그녀를 기다리겠다고 약속했다.

곧 그녀는 다른 나라에서 모델 일을 제안 받았고, 바로 수락했다. 그녀는 돈이 필요했다…. 밤에는 파티에도 참석했다. 그녀는 그곳에서 마약과 고급 매춘을 접하게 되었다. 그녀는 많은 돈을 벌었다. 그녀는 뭔가를 느끼는 일을 멈추었다. 그녀는 모든 걸속였다. 밤마다 눈물을 흘리지 않고 울었다. 그럴수록 내면의 공허함은 점점 더 커졌다. 그런 상황을 알고 있던 라울은 그녀를찾아가서 그곳에서 그녀를 꺼내려고 했지만, 그렇게 할 수가 없었다. 그는 그녀에게 책들을 선물하고, 그녀를 고통과 트라우마,그리고 회복에 대해 들을 수 있는 강연장으로 보내주었다.

몇 주 동안 치료를 받은 후 그녀는 좀 더 침착해졌다. 그녀는 자신의 삶과 외모를 바꾸기 위한 과정을 진행했다. 아주 눈에 띄는외모는 아니었기 때문에, 약간의 노력만으로도 외모가 바뀌었다.

그녀를 만난 지 몇 달 후, 그녀는 라울과 함께 상담을 왔다. 그는 아주 좋은 사람이었고, 그녀를 깊이 사랑했으며 그녀가 내면에 아주 큰 상처를 입었다는 사실도 잘 알고 있었다. 상담이 끝났고, 그녀는 곧 자신의 삶을 찾아 떠났다.

그리고 몇 달 전, 나는 그녀에게 편지*를 받았다.

사랑하는 선생님께

저는 이제 새로운 나라에 도착했습니다. 사실 아주 새로운 곳은 아니에요. 지금 이곳에서 100킬로미터 정도만 가면 엄마가 어린 시절을 보내신 곳이 나오거든요. 저는 의류 사업을 시작했어요. 천천히 진행되긴 하지만, 너무 기대됩니다. 저축한 돈을 가져왔고 모든 것이 잘되면, 다음 봄에 결혼식을 올릴 생각이에요. 저는 살아갈 의지를 되찾았어요. 도와주셔서 감사합니다!

다시 시작하기에 너무 늦은 때란 없네요.

친애하는 주디스 드림

추신: 도움이 필요한 몇몇 동료들에게 선생님 연락처를 주었습니다. 제가 어디에 있는지는 말하지 말아주세요.

---

* 나는 주디스에게 그녀의 이야기를 쓸 수 있도록 허락을 받았다. 단, 신원 보호를 위해 세부사항은 바꾸었다.

친애하는 독자 여러분께

보통 의학, 특히 정신과 의사는 매우 소명이 있는 직업입니다. 저는 어렸을 때부터 다른 사람들을 돕고 그 목적을 위해 자신을 훈련하는 데 인생을 바치고 싶었습니다. 여러분 손에 들린 이 책은 저의 수년간의 연구와 읽었던 수많은 논문, 또 함께한 수백 또는 수천 명의 환자, 수많은 상식, 그리고 지속적인 업데이트 작업이 낳은 결과물입니다.

이 작품이 좋은 반응을 얻고 있다니 특별한 행복을 느낍니다. 이 책을 손에 쥐고 있는 분이라면 모두 어느 정도는 의식적인 목적이 있으리라 확신합니다. 바로 자기 자신을 알기 위한 것이죠. 서양 문화의 뿌리 중 하나인 그리스 문명의 진원지, 델파이의 아폴로 신전에는 '너 자신을 알라.'라는 문구가 적혀있습니다. 우리 자신을 이해하고, 우리에게 일어나는 일의 원인을 이해하는 것은 실로 엄청난 것입니다. 하지만, 이것은 또한 내면의 균형을 이루고 주변 사람들과의 관계를 강화하는 첫 번째 단계입니다.

이 책이 출판된 이후, 저는 많은 독자로부터 타인을, 나를 알아가는 어려운 일에 진전이 있었고, 그 덕분에 삶이 나아져서 만족을 느낀다는 메시지를 많이 받았습니다. 독자 여러분 덕분에 저는 다른 사람들을 돕는 제 소명을 실천할 또 다른 방법을 발견하게 되었습니다.

당신이 이 책을 즐겁게 볼 뿐만 아니라, 삶에도 도움이 되길 바랍니다…. 그리고 당신에게 좋은 일이 일어나기를 바랍니다!

2019년 1월
마리안 로하스 에스타페

초판 1쇄 인쇄 | 2021년 7월 22일
초판 1쇄 발행 | 2021년 7월 28일

지은이 | 마리안 로하스 에스타페
옮긴이 | 김유경
펴낸이 | 정성진
펴낸곳 | (주) 눈코입(레드스톤)

전화 | 031-913-0650
팩스 | 02-6455-0285
이메일 | redstonekorea@gmail.com

ISBN 979-11-90872-14-0 (13190)

• 값은 뒤표지에 있습니다.
• 파본은 구입하신 서점에서 교환해드립니다.